KB054485

이제는 이란이다

Special thanks to

책이 나오기까지 많은 분들의 배려와 도움이 있었다.

먼저 이렇게 상사맨의 꿈과 이란에서의 성공을 이룰 수 있도록 최고의 무대를 제공하고, 지금까지 믿어주신 코오롱그룹 이웅열 회장님께 특별한 감사를 드린다. 그리고 여전히 부족함이 많은 저에게 한결같은 성원과 격려를 보내주시는 코오롱글로벌㈜ 윤창운 사장님과 우리 임직원분들에게는 감사와 함께 더욱 최선을 다하겠다는 다짐도 전해드리고 싶다.

역마살 낀 남편을 만나 이란까지 가서 한여름에도 히잡을 쓰고 망토를 입고 다니다 땀띠로 고생한 집사람과 당시 영어학교가 없던 이란에서 갑자기 생소하기 그지없는 이탈리아어로만 수업하는 학교에 다니는 등 그동안 수많은 국내외 학교를 전전하게 되었던 강준, 강희에게도 미안하고 고맙다는 말을 해야겠다. 바쁜 중에도 현지 사진과 자료를 제공해주느라 고생한 테헤란지사장과 혁이 그리고 원고 정리를 도와준 승환 후배에게도 감사의 말씀을 드린다.

마지막으로 나의 해외 주재기간 17년 동안 하루도 빠짐없이 아침이면 성당에서 아들의 안녕과 성공을 기도하며 불효자를 기다리다가 4년여 전 귀임하자 이미 자식을 못 알아 볼 정도로 건강을 잃으셨고 결국 얼마 전 하늘나라로 가신 모친의 영전에 이 책을 올린다.

글로벌 비즈니스맨 정영훈의 이란 14년 리얼 성공기

이제는
이란이다

정영훈 지음

매일경제신문사

화려한 공예와 장신구,
사적을 자랑하는 장인의 도시.

현재 이란의 수도. 알보
르즈산맥에 위치하여
이란을 호령하는 정치,
사회, 문화의 중심지.

페르시아 문학과 예술을 간직
한 이란 내 이슬람 최고 성지.

터키

타브리즈 ■

마슈하드 ■

테헤란 ■

이라크

이스파한 ■

이란

아프가니스

유구한 역사와 미려한 이
슬람 건축물로 '세계의 절
반'이라 불리던 16세기
초 사파비 왕조의 수도.

시라즈 ■

반다르에이바스 ■

시와 꽃으로 유명한 페르
시아의 천년 고도, 시라즈
라는 적포도주의 원산지.

아랍에미리트

페르시아만의
대표적인 무역항

사우디아라비아

　그때가 1998년이었다. 나는 이란이라는 나라에 대해 아무것도 알지 못했다. 아니 알 바 아니었다는 게 더 옳겠다. '관심 없음'에도 속하지 않았던 나라, 바로 이란이었다.

　그런 내가 이란이라는 나라에서 판을 펼쳐야 했다. 그리고 무려 14년. 한국이라는 먼 나라에서 날아온 이방인에게 이란은 자신의 자리를 아낌없이 내줬다. 그렇게 이란은 내게 특별한 운명의 나라가 된다.

　사람들은 아직 이란에 대해 아는 것이 너무 없다. 서울에 테헤란로가 있다는 사실은 알아도 이란의 수도 테헤란에 서울로가 있다는 사실은 잘 모른다. 그만큼 우리에게 이란은 그저 낯선 나라이다.

　그래서 생생한 나의 이란 성공기를 통해 이란을 보여주려 한다. 누군가 묻는다. 왜 하필 이란이었냐고. 또 누군가 묻는다. 왜 그리 오래 머물렀냐고. 그래서 알리고 싶었다. 아니 알려야만 했다. 이란은 위험하지 않으며, 이란은 제멋대로이지 않으며, 이란은 엄청난 마력의 국가라는 사실을 말이다.

　이란은 지금 두 팔을 뻗어 한국을 환영하고 있다. 두 팔에 엄청난 에너지가 숨겨져 있다. 외면하는 순간 초대장의 국가명이 바뀔 수 있다. 이미 숱한 나라가 이란으로 달려가고 있다. 서둘러야 한다. 쉬지 말아야 한다.

　나는 오늘도 강조한다. '미래의 명제는 이란이다!'

CONTENTS

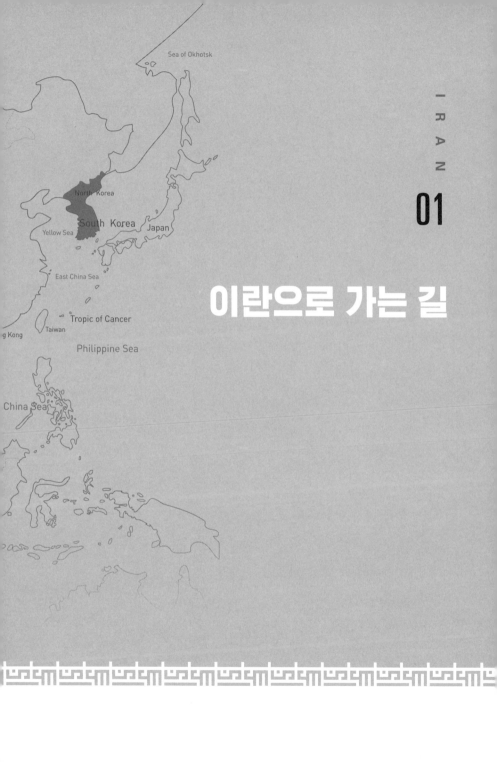

이란으로 가는 길

이동수가 있다네

"안 가. 내가 그런 데를 왜 가."

"나도 가잖아. 다 재미삼아 가는 건데 뭐 어때서. 가자!"

싱가포르에서 한국으로 돌아왔을 때 앞날이 걱정이었다. 텔레비전은 연일 불투명한 미래를 보도했다. 차라리 텔레비전을 끄면 세상이 더 밝아 보일 지경이었다. 당시는 IMF 금융위기라는 국가적 살얼음판을 걷던 때였다.

친구는 미래를 잘 예측하기로 유명한 사람이 있으니 같이 가보자고 했다. 나는 말 그대로 재미삼아 동행을 했더랬다. 점쟁이의 말을 믿고 따를 만큼 나는 결코 순진하지 않다고 늘 생각했다(물론 지금도 마찬가지다!).

점쟁이는 깜짝 놀랄 정도로 젊었다. 책상 옆에는 미국 유학시절 사진까지 걸려있었다. 유명하다고 하니 무슨 말을 꺼내 놓을지 궁금했다. 생년월일시를 말해줬더니 지금으로서는 구형인 데스크탑 컴퓨터로 한자가 적힌 사주를 프린트했다. 잠깐 훑고는 나를 힐끔 바라봤다. '조심해. 이달에는 조심하는 게 좋아. 차도 조심하고 사람도 조심해'하는 따위를 말하면 피식 하고 웃어 버리려던 차였다. 그런데 그보다는 한 뼘쯤 뭔가 더 볼 줄 아는 듯 시늉했다.

"곧 멀리 가네요. 멀리 가게 되어 있어요."

"멀리요?"

"그래요. 아주 멀리. 이동수가 있어요. 아주 멀리 가네요."

"이동수에 그것도 아주 멀리 말입니까?"

그냥 피식하고 웃어 버릴까 하다가 그가 어떤 말을 더 이을지 궁금해서 잠시 더 인내해 보았다.

"아주 멀리 갈 듯해요. 가깝지가 않아요."

"그럼 우리나라는 아니겠네요?"

"아, 당연하지요!"

멀리, 외국이란다. 제길! 점쟁이가 뭘 알고 그러는 것인지, 못 맞추더라도 묻지도 따지지도 않게 생겼으면 대충 말하면 그만인지, 헷갈리고 조금 웃겼다. 아, 조금은 재미도 있었으니 그쯤 봐줘도 상관없었다. 완벽히 맞췄으면 겁이라도 났으련만, 속으로 그저 '미안, 당신의 답은 틀렸어!'하고 답했다.

밖으로 나오며 이런 곳은 애초 오는 게 아니라 생각했다. 친구가 유능한 사람이라고 했으면 화를 냈을 텐데, 유명한 사람이라 했으니 용서하기로 했다. 유능하지도 않으면서 유명한 사람은 세상에 널렸으니까. 돌아오다 생각하니 피식 웃음이 났다. 싱거운 웃음에 친구가 왜 그러느냐고 물었다.

"그 젊은 친구 미래를 잘 예측하기로 유명하다면서. 내가 멀리 간다며 그것도 아주 멀리. 제주도도 아니고 해외라면서."

다시 피식 거리는 웃음에 친구는 혹시 아냐고 물었다. 나는 해외에서 돌아오고 이내 다시 해외로 나간 경우는 우리 회사 역사상 단 한 번도 없었다고 답했다.

"내가 그리 될 확률보다 태평양에서 진짜 인어가 나타날 확률이 더 높거든?"

상사맨의 꿈

　상사맨들에게 해외파견근무는 큰 기회다. 해외주재원이 된다는 것은 그만큼 능력을 인정받고 있다는 의미이기 때문이다. 그래서 같은 회사에서도 해외주재원이 되려고 서로 경쟁을 하곤 한다. 당시 근무하던 코오롱상사도 마찬가지였다. 말 그대로 해외에서 근무하려는 직원들이 줄을 섰다. 그 줄이 끊긴 적은 단 한 번도 없었다.

　첫 출장으로 대만과 홍콩 그리고 싱가포르를 가게 되었다. 그중 싱가포르는 너무도 매력적이었다. 만약 주재원으로 근무하게 된다면 싱가포르가 되기를 소망했다. 하지만 경쟁이 치열하다보니 마음먹은 대로 될 리가 없었다. 그러던 차, 싱가포르 지역에는 이미 다른 사람이 가기로 되어 있다는 말이 들려왔다. 그래서 반쯤 포기한 상태였다. 그런데 한 달 후 싱가포르 주재원으로 가는 사람 명단에 딱하니 정영훈이라는 이름이 쓰여 있었다. 싱가포르 지사장이 평소 나를 괜찮게 보았던지 나를 보내달라고 했다는 거였다. 거기에다 300명의 그룹 입사 동기들 중 두 번째 순서로 해외 근무를 하게 되는 것이었다. 그것만도 영광스러운데 원했던 곳으로 나가게 되다니 말 그대로 'Dream Come True!'였다. 그렇게 나의 해외 근무가 시작되었다. 그때가 1995년이었다.

싱가포르로 가게 되었을 때에는 엄청난 꿈이 있었다. 국내 상사맨들 중 싱가포르에서 매출을 가장 많이 올리는 주재원을 상상하기도 했고, 나중에 한국에 돌아오면 가장 환영 받는 해외귀임자가 되는 모습을 꿈꾸기도 했다. 그런데 막상 도착해 보니 꿈은 꿈일 뿐이었다. 선진국이라서 오히려 문제였다. 말 그대로 없는 게 없었다. 없는 게 없다보니 팔 것도 별로 없었다. 거창한 꿈을 펼쳐보기엔 이미 멍석을 펴고 자리를 차지한 사람들이 널려 있는 곳이 싱가포르였다. 팔만한 제품들은 잘난 전문가들이 이미 자리를 차지하고 죄다 팔고 있는 곳에서 뭘 팔 수 있단 말인가. 그러나 포기는 일렀다. 눈을 힐끔 돌렸다. 지금 서 있는 발 앞에 멍석을 펼 수 없다면 장소를 옮기면 그만이었다.

눈을 돌려보니 싱가포르 옆에는 방글라데시, 스리랑카 등이 있었다. '멍석을 펼 곳은 널렸고 팔 것은 많다.' 그곳으로 이동하며 판을 벌렸다. 싱가포르와 이웃한 나라들은 우리를 환영했다. 방글라데시에는 양철지붕이나 가스파이프를 만드는 철판 등을 팔았고,

반군과 내전 중인 스리랑카에는 포탄을 파는 등 말 그대로 종합 좌판을 펼쳤다. 판단은 적중했고 날이 갈수록 계약이 늘어나기 시작했다. 성과를 거둘 때의 쾌감을 글로 정확히 표현할 수 없다는 게 아쉬울 뿐이다. 상사맨의 매력은 계약 후 신용장을 손에 쥐는 순간인데, 그 짜릿함은 맛보지 않은 사람은 절대 알 수 없다.

2년 남짓 싱가포르에 머물며 이웃나라들에서 한참 주가를 올리고 장사의 맛을 보기 시작하던 때, 흐름이 몸에 익숙해져 제법 장사꾼 모양새를 갖춰가기 시작할 즈음이었다. 1997년이 닥쳐왔다. IMF 금융위기가 시작된 것이다. 결국 나를 파견한 본부가 타 본부에 합병되어버렸다. 시집 간 딸은 있는데 시집 보낸 친정이 없어진 꼴이 된 것이다. 그렇게 가까스로 1997년을 버티다 1998년의 차가운 새해를 맞이했다. 날씨보다 마음이 더 추웠던 겨울이었다. 한참 신나 용광로처럼 펄펄 끓던 가슴이 얼음처럼 차갑게 변해 버렸다.

해외주재원으로 나가게 되면 통상 4년에서 5년을 보내기 마련이다. 그런데 싱가포르로 나간 지 2년 반 만에 돌아와야만 하는 상황에 처했으니 그저 암담했다. 태평양보다 더 넓던 꿈이 있었다. 그 꿈이 제법 이뤄지고 있었다. 그런데 그 꿈을 접어야만 했다.

한국으로 돌아오는 비행기 안에서 이대로 주재원의 꿈이 접히는가 싶은 생각에 한숨만 새어나왔다. 한참 해외에서 장사의 재주꾼으로 인정받기 시작하던 때다. 그래서 더욱 속상했다. 재주가 좋다고, 북극에 보내면 에스키모들에게 냉장고를 판매할 재주를 가졌다고 칭찬도 들었었다. 착각인지 모르지만 조금 더 있으면 판매의 달인, 상사맨의 달인이 되어 그야말로 최고의 장사꾼 자리에 오를 것 같은 기대가 있었다. 자신 있었다. 죽도록 고생해 겨우 산에 올랐더니 구경할 틈도 없이 곧바로 내려오라니, 비참해 견딜 수가 없었다.

한국에 돌아오니 현실은 더 암담했다. 급여도 낮춰져 있었고 보너스는 상상도 할 수 없었다. 그러던 어느 날 아침 간부회의 시간에 최고 명문대 출신인 직속상관이 결정적으로 내 자존심을 긁어 버렸다. 자신은 IMF 금융위기 상황이라도 오라는 곳이 널려있다며 자랑을 늘어놓았다. 그러다 너희들은 먹고 살려면 별 수 없지 않느냐며 오만을 떨었다. 군소리 말고 일하라는 대목에서는 도저히 참을 수가 없었다. 그래서 속으로 회사를 그만둬야겠다고 생각했다.
집으로 돌아와 사표를 쓰고 다음날 제출할 작정이었다. 텔레비전을 보면 온통 어지러워진 세상에 대해서만 떠들어댔다. 나도 어지럽고 세상도 같이 어지러웠으니 붙잡을 게 하나도 없었다. 물에 빠지기는 했는데 잡을 지푸라기도 없으니 그저 허우적대는 상황이었다. 당시 세상은 그랬다. 차라리 그게 더 정상처럼 보이던 때다. 세상은 혼란에 빠져 있었고 그 혼란에서 사람들을 건져줄 희망은 보이지 않았다.

　다음날 사표를 가슴에 품고 출근했다. 그때 해외지사를 총괄하는 본부장이 나를 불렀다. 평소에 일면식도 없었던 분이라 왜 나를 호출하는지 의아했다. 지금 생각하고 있는 것이 무엇이냐고 물으면 이제 그만 둘 생각이라고 말하려던 참이었다. 다시 해외로 나갈 수도 없을 테니 상사맨으로서 성공 희망을 걸어볼 미래도 없다고 말을 이으려고 생각했다. 그도 그럴 것이 해외주재원 근무 이후 본사로 돌아오면 짧아도 5년 내 다시 해외근무를 나가는 것은 쉽지 않은 일이었다. 아니 당시는 불가능했다. 왜냐면 당시 국내는 너무 암울하던 시기라 모두 해외를 탈출구로 생각했다. 그러니 경쟁은 더욱 치열해져 해외 근무는 불가능했다. 당시 나는 철강담당 과장 직을 수행 중이었다.

　"정과장, 이란 한번 가볼래?"

　"예? 이란이요?"

　전혀 예상치 못한 이야기였다.

　'이란이라니 지금 내게 다시 해외로 나갈 기회를 주겠다는 말인가? 설마….'

　궁금해 다시 물었다. 지금 이란으로 나를 보내겠다는 말이냐고 새차 확인했다.

　"그래, 이란!"

코오롱 역사상 해외주재원으로 나갔다가 서울로 되돌아 온 다음 겨우 5개월 만에 다시 해외로 파견된 경우는 처음 있는 일이었다. 나중에 알게 된 일이지만, 정영훈이라는 놈은 '달나라에 내려놓더라도 거기서 농사를 짓고 살 수 있는 놈?!'이라고 얘기되곤 했었단다! 싱가포르에서 근무하던 당시 이웃 험한 국가들에게서 거둔 성과가 제법 소문이 났던 모양이었다. '질긴 놈인데 그저 악하게 질긴 게 아니라 멋진 성과를 이룰 때까지 매달리는 잡초같이 끈질긴 놈'이라고 소문이 났다는 말도 들었다. 아무튼 내 별명은 그때부터 지금까지 '달나라 농사꾼!'이다.

그렇게 많은 경쟁자들을 물리치고 팩스도 한 번 보내본 적이 없었고 전화통화도 한 번 해본 적이 없었던 완전 무지의 땅, 이란으로 향하게 되었다.

"이란?"

그날 퇴근하자마자 친구에게서 전화가 걸려왔다. 나를 점쟁이에게 데려갔던 친구였다. 이미 팔뚝에 소름이 돋아 있었다. 친구 목소리를 듣는 순간 그 점쟁이의 모습이 떠올라서였다.

"미안, 태평양에서 인어가 나타날 수도 있긴 해!"

친구는 무슨 말이냐고 물었다.

"그 점쟁이 말이야. 왜 유명한지 알았다!"

"왜 그런데?"

"그는 신통방통해서 유명해진 거야!"

그렇게 나는 이란이라는 낯선 나라로 향하는 비행기에 몸을 싣게 되었다.

이란은 인구 약 8,000만 명, 면적은 한반도의 7.5배인 약 165만 평방킬로미터의 대국이다. 수도는 테헤란이다. 아랍어가 아닌 페르시아어를 사용하며 게르만계 일종인 아리안계 혈족이 주류를 이룬다. 직접선거로 대통령과 국회의원을 뽑시반 세계 유일의 정교일치체제로 실제 정치적 힘은 이슬람교 세력이라고 보는 것이 정답이다.

달나라 농사꾼!

일본에서 비행기를 갈아타고 한참을 날아갔다. 이란은 한 번에 갈 수 있는 비행기 노선이 없었다. 기장이 테헤란 공항에 곧 착륙한다는 방송을 시작했다. 냉큼 창밖으로 시선을 돌렸다.

'하필 도착하는 시간이 어두운 밤이라니.'

멀리 테헤란의 불빛이 어서 오라며 손짓하는 것처럼 반짝 거리고 있었다. 그래서 밤에 도착한다는 불만이 만족으로 바뀌기 시작했다.

낯선 곳, 이란으로 올 때에는 많은 각오가 필요했다. 좋게 말하면 뭔가 이뤄낼 가치가 큰 곳이었고 나쁘게 말하자면 마지막 기대를 품고 가야만 하는 절체절명의 위기가 닥친 곳이 바로 이란이었다. 그도 그럴 것이 이란에 어떤 기대치를 두기는 매우 어려운 상황이었다. 그게 당시의 상황이었다.

"60억!"

"60억이요?"

"그래 60억뿐이야!"

이란에서 회사로 거둬들이는 총매출이 연간 겨우 60억 원뿐이라고 했다. 혹시 600억 원을 잘못 들었나 해서 다시 물었더니 들려오는 답은 같았다.

우리 회사는 대한민국에서 모르는 사람이 없을 만큼 큰 인지도를 갖춘 곳인데 그런 기업에서 한 국가를 상대로 벌이는 비즈니스의 성과가 연간 60억 원이라니, 참담했다. 개인사업자라면 큰 금액일지 몰라도 특정 국가에 지사를 운영하려면 적어도 200억 원 이상이 되어야 했다. 이란으로 가야한다는 말을 듣고 담당자들과 소통하던 때다.

"그래서 정과장으로 결정한 거야."

달나라에 가서도 삽을 들고 땅을 팔 수 있는 사람을 보내 보자고, 그래서 문을 닫을까 하다 마지막으로 저 친구를 보내보고 그래도 안 되면 곧바로 문을 닫자고 결정했다는 뒷이야기를 들려주었다. 칭찬은 칭찬인데 뭔가 찜찜했다. 안 되면 버리는 카드라는 뜻이 아닌가? 이란에 가기 전날 밖으로 둥실 떠오른 밝은 달을 바라보았다. 한껏 소원을 빌어야 하는데 한숨이 먼저 나와 버렸다.

'차라리 삽을 한 자루 건네주고 달나라에 보내주지.'

'비행기는 곧 테헤란, 테헤란 공항에 착륙합니다. 비행기는 곧 테헤란, 테헤란 공항에 착륙합니다.'

아직 안전띠가 곧게 몸에 매여 있었다. 불확실한 미래에 대한 걱정이 잠시 마음을 흔들었다.

'괜찮아. 내게는 용기라는 안전띠가 있어. 들었잖아. 너는 달나라 농사꾼이야!'

단단히 마음의 안전띠를 동여맸다. 이란, 비행기가 몸을 내린 곳은 이란이었다. 이제부터 시작이었다.

공항에 내려 보니 위에서 유난히 반짝이던 도시의 불빛들은 어디론가 모두 사라지고 없었다. 공항은 우리나라 공항과는 비교할 수 없을 만큼 작고 칙칙하고 어두웠다. 사람들의 표정도 왠지 모르게 어둡게 보여 한껏 다졌던 용기가 이내 수그러드는 소리를 냈다.

'뭐야 이거. 이건 내가 원한 게 아니었는데.'

그래도 별 수 없었다. 이미 도착해 버린 곳은 이란이라는 거대한 나라였다. 방법은 두 가지뿐이었다. 그럴듯한 아니 완벽한 성과를 올리거나, 완전히 쫄딱 망하거나, '모'아니면 '도'였다. 칼을 빼들었으니 뭔가 자르긴 잘라야 할 것인데 걱정이 파도처럼 밀려왔다. 한참 기다려 짐이 손에 들어왔는데 순간 '60억!'이라는 말이 떠올랐다. 가지고 간 짐이 제 아무리 무거워도 겨우 가방이었는데, 그곳으로 함께 갖고 간 마음의 짐은 그보다 백 배는 더 무거웠다.

"여기요. 여기."

짐을 밀며 밖으로 나가자 전임주재원이 반갑게 맞이했다. '여긴 뭐 하러 왔소. 기껏해야 고생밖에 할 게 없는데'하고 말하는 것 같 았다.

"잘 오셨습니다. 오시느라 고생하셨죠?"

잘 왔다니 진심이냐고 물으려다 그만두었다. 오느라 고생한 건 맞았고 앞으로 고생은 또 얼마나 해야 하는 건지 묻고 싶었지만 역 시 그만뒀다. 어떤 경우의 수이건 그건 내 몫이기 때문이었다.

짐을 밀며 공항 출구를 향했다. 문밖으로 나가는 순간 이제 이란 이라는 나라에 운명을 걸어야 했다. 순간 처음 상사맨이 되려고 다 짐했던 배짱 좋았던 시절을 떠올렸다.

'남들이 다 일궈놓은 밭에서 풀매는 것쯤 누구는 못해? 밭을 개 간하기 위해서 거대한 바위도 밀어낼 기백이 나는 있거든!'

짐을 바라보았다. 별거 아니었다. 충분히 젊었고 안에서 다시 치 솟는 용기는 용광로처럼 팔팔 끓기 시작했다.

'괜찮아. 나는 달나라 농사꾼이잖아!'

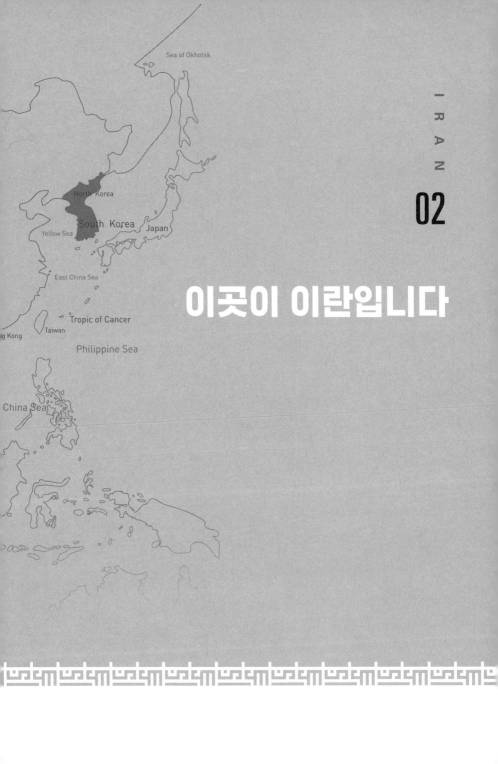

이곳이 이란입니다

나도 후진으로 달린다

전임주재원과 함께 공항에서 광장으로 나갔다. 공항 밖의 모습은 어떨지 기대를 가져보았다.

작은 공항 안에서와 마찬가지로 밖에도 엄청난 사람들이 몰려 있었다. 차와 사람이 서로 경계선이 없이 뒤엉켜 있는 상황이었다. 전임주재원의 차를 타고 이동을 시작했다. 가로등이 많지 않아 어두침침한 도로에 많은 차들이 빼곡히 들어서 각자의 목적지를 향해 달려가고 있었다.

"테헤란공항에 사람들이 참 많네요."

"예, 그렇습니다. 이곳은 늘 혼잡합니다."

어느 공항이든 대부분 혼잡하기는 마찬가지지만 이렇게 짐을 찾는 데 오래 걸린 경우는 드물었다. 그런데 특이한 점이 있었다면 누구하나 뭐라고 하는 사람이 없었다는 사실이었다. 좋은 것인지 나

이란의 혼잡한 거리

뻔 것인지 순간 헷갈렸지만 소란이 일지 않았다는 점에서 일단 높은 점수를 주기로 했다.

도시고속도로와 비슷한 큰 도로를 통해서 이제 본격적으로 시내로 들어가야 했다. 차선이 여러 줄 그어진 대형도로였다. 우리나라였다면 달리던 차가 입체 교차로에서 진출로로 빠져나가야 하는데 혹시 이를 놓치면 더 앞으로 달려가 유턴을 시도하거나 아예 다른 길로 돌아가는 방법밖에 없다. 그런데 진출로를 놓친 차가 비상등을 켜지도 않고는 뒤로 확 후진을 한 후 진출로로 방향을 잡는 모습을 목격하고는 입이 떡 벌어졌다. 우리나라에서는 상상도 못할 일이 벌어지기 시작한 것이다.

"어? 어어어….."

도시고속도로에서 앞으로 달려가던 차가 후진해서 뒤로 오다니. 가는 날이 장날이라고 하필 잔뜩 술에 취한 무법자가 도로 위의 무법질주를 시작한 것일지 모른다고 생각했다.

"저 차 미친 거 아니예요?"

눈앞에서 끔찍한 일이 당장 벌어질 것만 같았다. 한국에서도 아니고 이란까지 날아와, 그것도 날아온 첫날 큰 사고를 당하게 될 수도 있다는 것은 상상도 하지 않은 일이었다. 언제 그랬는지도 모르게 팔이 올라가 손잡이를 힘껏 부여잡고 있었다. 얼마나 손아귀에 힘을 준 것인지 손가락이 부들부들 떨려왔다. 그런데 이게 웬일이던가.

"하, 맙소사! 저게 뭡니까?"

자세히 보니 후진을 하고 있는 차량은 한 대가 아니었다. 다른 차들도 뒤를 이어 후진하고 있는 게 아닌가. 역시 우리나라에서는 상상도 못할 일이었다. 특히 나는 전 세계에서 질서라면 최고라는 싱가포르에서도 수년을 살고 나온 지 6개월도 안 된 때가 아닌가. 그런데 전임주재원은 전혀 긴장하지 않은 표정이었다. 그 표정이 더 놀라울 지경이었다.

"맙소사! 이게 대체 어떻게 된 일이죠?"

"이란이 원래 이렇습니다."

정신을 차리려고 눈을 똑바로 뜨고 보니 제법 많은 차량에 사이드 미러 자체가 아예 없었고 전조등을 켜지 않은 차량이 태반이었다(당시 이란에는 이삼십 년 된 노후차량이 많았다). 1998년이라지만 우리나라로서는 상상에서나 겨우 등장할 일이었다. 훅 하고 앞으로 달려가다가는 출구를 놓치면 아차, 하며 그저 뒤로 다시 후진해 그 출구로 나가면 되는 것이다.

"어떻게 이런 일이….”

여전히 너무 놀라워 입을 다물 수가 없었다.

"맙소사!"

만약 한국이었다면 지금 어떻게 되었을까 상상되었다. 서울 올림픽대로에서 앞으로 달려가던 차가 갑자기 교차로에서 뒤로 후진을 해온다. 뒤에서 달려오던 차와 아슬아슬하게 맞물리기 시작한다. 당장 창을 열고 미친놈이라고 소리를 치며 냉큼 휴대전화를 들어 신고를 하고 난리가 난다. 수많은 신호음이 도로를 가득 울려대고 도로는 마비가 된다. 이곳저곳에서 욕설이 난무하고 결국 사고가 나기 시작한다. 수많은 차량이 전복되고 서로 밖으로 나와 멱살을 잡고 쌍욕을 퍼부으며 시시비비를 가린다. 아비규환이 따로 없는 상황이다. 방송국 헬리콥터가 도로 위를 날며 생방송으로 보도를 하기 시작한다. 뉴스는 최고 시청률을 기록하고 수많은 사람들은 끔찍한 광경을 보며 혀를 차기 시작한다.

피를 흘리며 사람들의 부축을 받고 응급차량에 실리는 사람들의 화면이 상상되었다. 그 환자들 속에 내 모습이 나타났다.

"아 ⋯."

너무 끔찍해 눈을 질끈 감고 고개를 절래 흔들었다. 상상만으로도 끔찍한 일이 아닐 수가 없었다. 겨우 눈을 다시 뜨고 도로를 바라보았다. 변한 것은 하나도 없었다. 후진으로 달려오는 차들은 머리에 머리를 물고 있었다.

"이란은 원래 그렇다는 말이에요?"

진정해 보려는 데도 떨리는 입술은 그대로였다.

"그렇습니다. 이곳이 원래 그렇습니다. 우리나라와는 질서의 개념이 워낙 달라서요."

다시 봐도 믿기지 않는 풍경이었다. 안 그러려고 했는데 온 몸이 파르르 떨려왔다. 자칫하다가는 대형사고로 이어질 텐데 그걸 아무렇지도 않게 내버려둔다는 사실 역시 믿기 힘들었다. 대체 교통경찰은 뭘 하는 거고 도로법규 따위는 정해지지도 않은 것인지, 설마 그럴 리는 없는데 어찌 이런 일이 가능한 것인지 보고 있는 순간은 그대로 거짓말이었다.

"처음이라 이상하신 겁니다."

전임주재원의 말이 언뜻 이해되지 않았다. 그럼 더 살다보면, 이런 말도 안 되는 상황이 이해가 될 수 있다는 말인가. 밖의 도로상황도 믿기 어려웠지만 그 모습을 별스럽지 않다는 듯 바라보는 전임주재원의 표정도 이해가 불가능했다.

"이렇게 후진하는 차량들을 그냥 둔다는 말인가요?"

"예, 보시다시피요."

"어떻게 이런 일이…."

아무렇지도 않다는 듯 그는 운전을 했다. 희한한 것이 있었다면 누구도 욕설을 하거나 싸움을 벌이려고 하지 않았다는 사실이었다. 그보다는 빼곡히 앞뒤차량이 서로 엉켜있는 도로였지만 혼란 없이 각자의 길로 알아서 가고 있다는, 도로 위 상황보다 그 도로 위를 재주 좋게 맞물려 달려가는 사람들이 더 놀라울 따름이었다. 우리가 타고 있던 차량도 뒤엉킨 도로에서 목적지를 향해 달려가기 시작했다. 거기서 그치면 괜찮았을 것이다. 더 놀라운 것은 목적지를 각자 찾아낸 다음이었다. 도로에 분명 차선이 그어져 있었지만 모든 차량들이 차선을 완전히 무시한 채 무작정 목적지만 향해 가는 것이었다. 후진하는 차량에 놀랐으니 그쯤은 차라리 별거 아니었다. 선이 왜 그어진 것일까? 그대로 쭉쭉 무시하고 가라고 그려 놓은 것일까?

근무를 시작한지 얼마쯤 지났을 때 한국에서 이란을 방문한 친구가 있었다. 그를 마중하기 위해 테헤란공항으로 나갔다. 테헤란공항은 여전히 사람들로 붐볐다. 달나라 농사꾼답게 아무데나 적응을 잘해서인지 부임한지 며칠 만에 직접 차를 몰기 시작했고 그동안 길도 제법 익힌 상황이었다.

밖으로 나온 그는 손을 흔들며 반가움을 표시했지만 짐을 찾는데 시간이 너무 오래 걸려 힘들었다고 말했다. 그 말에 피식 웃었다.

"왜 웃는데?"

"아니야. 가다 보면 더 특별한 걸 보게 될 거거든!"

그와 함께 도로에 들어섰다. 얼마큼 달리다 그가 놀란 목소리로 물었다.

"하, 맙소사! 저게 뭐야?"

"내가 뭐랬어. 더 특별한 걸 보게 될 거라고 했잖아."

친구는 차량들 틈으로 운전을 하는 나를 놀라운 표정으로 바라보았다.

"어떻게 이런 일이…."

"처음이라 그런 거야."

처음 테헤란의 도로를 달리던 순간 내 표정이 저랬겠다 싶어 웃음이 났다. 팔을 올려 손잡이를 꽉 잡은 그를 보니 더 크게 웃음이 터졌다.

"설마. 이런 대형 도로에서 저렇게 후진을 막 하는 건 아니지?"

출구를 놓쳐 후진하는 차를 보며 그가 물었다.

"설마…"하고 답했다.

다행이라는 표정으로 나를 바라보았다.

그곳에서의 인사법 같은 엉뚱한 습관도 차츰차츰 내 것이 되어 가고 있었다. 말도 안 되는 일이라며 고개를 절레절레 흔들던 일들도 어느 순간부터 내 것이 되어 버릇처럼 행하기 시작했다. 그렇게 이란은 차츰 익숙한 곳이 되어 갔다.

"신호음 한 번 세게 울려. 무작정 후진하는 차 좀 놀라게. 저게 말이 돼?"

"응, 말이 돼."

"무슨 소리야. 저게 말이 된다고?"

후진하는 차보다 나를 더 놀라운 눈으로 그가 바라봤다.

"저건 미친 짓이잖아."

나는 웃으며 답했다.

"이제 그 미친 짓 나도 해. 아니 이제 제법 속도를 내면서 해. 나도 후진으로 달린다!"

그가 설마, 하는 눈으로 나를 돌아보았다.

"설마, 나라고 도로를 날아가는 재주가 있겠어? 나도 이란에 사는데 이란 법규를 지켜야지. 요즘은 나도 대형도로에서 아차 하고 출구를 놓치면 후진 잘해. 아주 잘해. 그런데 말이야. 그거 알아?"

그가 궁금한 표정으로 바라보았다.

"그래, 도로가 우리나라와 달리 좀 혼잡할지 모르지만 이란 사람들은 그렇다고 차 문을 열고 고래고래 소리 지르고 싸우고 그러지 않아. 각자 알아서 잘 가거든. 공항에서 봤지? 그렇게 오래 기다리는데도 누구나 소란피우지 않는 거. 그게 이란이라는 곳에 사는 멋진 사람들이야!"

1998년, 이란의 도로는 혼잡했고 대형도로에서 난데없이 후진하는 차량들도 불법단속에 걸리지 않았으며, 카레이서도 아닌데 차량을 운전하는 사람들은 차선을 무시하며 제 갈 길로 잘도 달려 나갔다. 하지만 그들은 싸우지 않았고 서로를 헐뜯지 않았다. 그게 이란이었다. 그 틈에는 정영훈이라는 한국출신의 선수도 있었다. 정영훈이라는 낯선 나라에서 달려온 이방인에게 이란은 차츰 자신의 모습을 나눠주며 행복한 양보를 해주기 시작했다.

이란에서 이상한 것이 있었던가. 그건 내가 한국 사람이기 때문이리라. 이란에서 이해 안 되는 일이 있었던가. 그건 내가 한국의 정서에만 익숙했기 때문이리라. 이란의 모든 것은 차츰 한국에서 날아온 낯선 한 이방인에게도 모든 것이 되어주기를 소망했다. 그 판단은 틀리지 않았다.

대형도로에서 후진하는 차들이 여전히 속도를 내고 있었다. 두

렵지 않았다. 한국의 멋진 제품들을 이란에 소개하려는 멋진 포부도 내 안에서 쉬지 않고 속도를 내고 있었다. 내 포부에도 일보전진을 위한 후진이 분명 필요할 테니까!

STOP

테헤란은 버스, 지하철 등 대중교통이 턱없이 부족하다. 좁은 도로에 많은 차량들이 넘치는 이유다. 교통법규도 우리나라처럼 체계적으로 마련된 것이 아니다보니 경미한 사고들이 빈발한다. 하지만 어디든 조심하면 큰 문제가 생기지는 않는다.

뿐만 아니라 새치기 달인들이 많다. 공공장소에 가서 줄이라도 서 있으면 좀체 줄이 줄어들 기미를 보이지 않는다. 하지만 여성이나 아이들에게는 곧바로 자신의 자리를 내어주는 아름다운 양보의 천국이기도 하다.

공짜입니다?

테헤란에 도착하고 사오일쯤 후였다.

회사차량을 이용할 수 없는 상황이라서 택시를 탈 작정으로 거리로 나섰다. 한국의 택시처럼 세련된 고급 택시는 볼 수 없지만 택시를 잡는 것은 그리 어렵지 않았다. 택시 기사의 표정도 매우 친절해 보였고 외국에서 온 사람이라서 그런지 더욱 애를 쓰는 티가 났다.

당시는 이란 말이 능숙하지가 않던 때라 일단 목적지를 설명만 하려고 했는데 영어를 능숙하게 하는 기사였다. 이란에서는 고학력자들도 택시 기사 일을 많이 한다는 사실을 이후에 알게 되었다.

목적지를 향해 택시가 출발했다. 싱가포르의 택시 기사들처럼 친절한 표정과 매너가 우선 마음에 들었다. 테헤란이라는 도시가 아직 낯설고 조금은 두렵기도 했지만 처음부터 익숙한 것이 세상에 어디 있는가. 어느 순간 이 곳도 몸에 맞춘 것처럼 익숙한 날이

올 거라고 생각하며 테헤란이라는 도시를 눈에 담기 시작했다.

지진을 예방하고자 그런 것인지 이란의 주택들은 옆집과 공간이 전혀 없이 지어져 있었다. 내 집의 양옆 벽이 옆집의 양옆 벽이 되는 셈이다. 혹시 모를 지진 발생 시에도 피해가 없도록 만들어진 것이다. 건물과 건물이 서로를 의지해 붕괴를 줄이도록 만들어진 이란 사람들의 지혜였다(현재는 이란에도 아파트가 제법 많이 들어섰다).

기사가 능숙한 영어로 도착했다고 말하며 처음의 밝은 표정을 유지했다. 친절한 말투라 기분까지 좋아졌다. 이제 택시를 탔으니 계산을 해야 했다. 지갑을 꺼내면서 물었다.

"얼마인가요?"

기사는 온화한 표정으로 답했다.

"계산이라니요. 그냥 가십시오."

순간 '뭘 잘못 들었나?'하는 표정으로 택시 기사를 바라봤다. 택시 기사의 표정에는 변화가 없었다.

'그냥 가라니. 설마 택시비를 받지 않겠다는 말인가?'

궁금한 표정으로 아니 어떻게 그럴 수가 있느냐며 지갑으로 손을 가져가는데 기사가 다시 "그냥 가셔도 됩니다"하고는 매우 친절한 얼굴로 나를 바라보는 것이 아닌가. 장난을 하는 것 같지는 않았다. 답을 내기 힘든 상황이었다.

"아니 어떻게…."

순간 어떻게 해야 옳은 것인지 판단이 서질 않았다. 그의 표정에
는 친절함이 여전했다.

"택시비를 계산하려고 그러는 겁니다."

택시 기사의 표정이 진지해져 더 헷갈렸다.

"당신은 외국인이니 우리나라의 손님입니다."

그의 밝게 미소 띤 표정을 보니 택시비를 내는 것도 예의를 오히
려 어기는 꼴이 될 것 같았다.

'그럼 그냥 가면 되는 건가?' 그렇게 서너 번을 묻고 같은 답을 얻
게 되었으니 방법은 택시 기사의 말대로 그냥 가면 되는 거였다.
'이란은 참 특별하구나. 외국인이 택시를 타면 그냥 보내주는 건
가? 그거 참 괜찮군. 아니 이게 괜찮은 건가? 그런데 이유가 뭘까?'

택시 기사가 한사코 택시비를 거절하는데 더는 방법이 없어 보
였다. 그래서 고맙다고 인사를 하고는 문을 닫고 걸음을 옮기기 시
작했다. 그때였다. 택시 기사가 밖으로 급히 나오더니 따라오며 고
래고래 소리를 지르기 시작한 거다.

"아니 이봐요. 택시비를 안 내고 그냥 가면 어떻게 합니까?"

아니 이건 또 무슨 소리? 몇 차례나 택시비를 내겠다는 데 스스
로 거절해 놓고는 이제는 택시비를 내지 않았다 소리를 지르다니.
걸음을 멈추고 돌아섰더니 냉큼 달려와 앞으로 섰다. 온화한 표정
대신 화를 가득 채우고 있었다.

"이봐요. 택시비를 내지 않고 가시면 어떻게 합니까?"

기막혀서 말도 나오지 않았다.

"아니, 택시비를 받지 않겠다고 하시지 않으셨잖습니까?"

택시 기사는 더욱 소리를 높였다.

"그렇다고 정말 그냥 간단 말입니까? 그건 그냥 한 소리지요. 하, 경찰을 부르든가 경찰서로 데려가야 되겠군요."

경찰이라니, 이 대체 무슨 상황이던가. 어이가 없어 말문이 그대로 막혔다. 겨우 굴러 나온 말이 더듬거리는 우리말이었다.

"아니, 아니 나는 그냥, 그러니까 그냥 가도 된다고 해서."

순간 나는 택시비를 내지 않고 도망치는 사람일 뿐이었다. 냉큼 지갑에서 돈을 꺼내 건넸다. 왜 그런 거냐고 묻고 싶었는데, 너무 기막히고 어이가 없어 '택시 기사 당신보다 내가 더 화가 났다'고 따져야 했는데, 그는 냉큼 택시에 올라 사라져버렸다. 멍하니 서서 사라지는 이란 택시를 바라보았다. 세상에는 별사람들이 다 있을지니, 유별나고 이상한 사람을 하필 이란에서 처음 타게 된 택시에서 만나게 된 것뿐이라고 판단했다.

그렇게 며칠이 흐르고 마약 빼고는 다 판다는 중동 최대 규모의 테헤란 바자르시장을 구경삼아 나갔다. 시상은 폭과 길이가 각각 수 킬로미터나 되었다. 미로처럼 골목마다 끝도 없이 매장들이 펼

쳐져있어 처음 온 이방인은 길을 잃을까 잔뜩 긴장하게 만드는 곳이었다. 남성복을 파는 매장에 재킷 하나가 마음에 들어 걸치자 종업원이 다가왔다. 처음 만났던 택시 기사만큼이나 친절이 몸에 배어있는 사람이었다. 옆에서 지켜보는 종업원의 친절한 미소는 택시 기사와 맞먹었다.

"이거 얼마예요?"

종업원은 미소의 범위를 넓혔다.

"이 옷은 마치 손님을 위해 맞춰진 옷처럼 매우 잘 어울립니다. 이것은 그냥 당신 것이 맞습니다. 신이 당신에게 내려준 옷입니다."

우리나라 같았으면 드라마 대사라고 해도 손발이 오그라들어 도저히 쓸 수 없을 것 같은 멘트였다. 대사 같은 멘트를 아무렇지도 않게 건네는 걸 보고 웃어야 할지 망설여졌다. 과한 멘트에 어안이 벙벙해져 있는데 종업원이 말을 이었다.

"그러니 그냥 가져가십시오."

순간 뭔가 잘못 들었나 싶어 다시 물었다.

"이거 얼마예요? 이거 얼마냐구요."

"이 옷은 신이 손님을 위해 내려준 옷이니 그냥 가져가셔도 됩니다."

"그냥 가져가라고요? 이 옷을 그냥 가져가란 말입니까?"

사십대 초반으로 보이는 종업원은 옷을 들고 서 있는 낯선 나라의 남자를 친절함 가득한 표정으로만 바라볼 뿐이었다. 택시 기사

이란의 시장

의 표정이 순간 떠올랐지만 설마 또 그런 일이 있을까 싶었다. 하지만 그래도 확인이 필요해 옷을 들고 그냥 가도 되냐는 듯 시늉했다.

"그 옷은 당신 것입니다."

이렇게 큰 매장에서 설마 또 그런 일이 벌어질 것 같지는 않았다. 여전히 좀 이상하기는 했지만 신이 내게 부여한 옷이라니, 아직 나는 잘 모르는 뭔가가 이란에는 있는 모양이라고 여기며 옷을 들고 밖으로 나가려 몸을 돌렸다. 이게 웬 횡재인가 싶었다. 몇 걸음 가다 멈춰선 것은 종업원이 마구 소리치는 소리가 들려오던 순간이었다.

"이봐요. 옷값을 안 내고 그냥 가면 어떻게 합니까? 지금 옷 훔쳐 가는 겁니까?"

"아니, 아니 그냥 가져가라고 해서."

다시 한국말이 더듬거리며 겨우 튀어나왔다.

"경찰서 가시려고 그럽니까?"

"아니 그냥 가져가라고 하지 않았습니까?"

"그건 그냥 한 소리지요. 그렇다고 정말 옷을 그냥 가져갑니까?"

종업원과 시선이 마주치는 순간 몸이 딱딱하게 굳어버렸다. 택시 기사의 고함소리와 종업원의 목소리가 교차하며 귀를 울려댔다. 두 사람의 모습이 영화 속 장면처럼 교차하며 정신을 혼미하게 만들었다.

정말일까? 사람들에게 택시 기사와 옷가게 종업원에 대한 이야기를 전하면 하나같이 정말이냐고 묻는다. 설마하며 웃는 사람도 있다. 그때 이렇게 답하곤 한다.

"이란에서는 삼 세 번으로는 어림도 없습니다. 최소 다섯 번까지 거절하더라도 그것은 그냥 하는 말입니다. 그들이 그랬거든요. 그건 그냥 한 말이라고. 그러니 그냥 그렇습니다. 그냥 한 말입니다. 하하하!"

알고 보면 이란의 택시 기사도 솔직했고 옷가게의 종업원도 솔직했다. 자신들의 기준으로는 늘 그랬으니 그런 것이다. 잘못한 것도 실수한 것도 없다. 거짓말은 더더욱 아니다. 그건 이란 사람들의 습관성 과잉친절 혹은 예절이다. 비유가 맞는지 모르겠지만 상다리가 곧 부러질 듯 가득 차려놓고는 "차린 건 없지만 많이 드세요" 하는 우리나라 체면치레 관습과 비슷하다면 제법 비교되려나 모르겠다. 생각해보면 우리나라의 과잉예절도 만만치 않다.

로마에 가면 로마법을 따르라는 말을 누가했는지 모르겠지만 노벨상 후보쯤 해줘도 괜찮겠다. 이란에 가면 이란의 관습을 따르면 그만이다. 단언컨대 세상 어디에도 택시비 없는 나라 없고 옷값을 안 내도 되는 나라 역시 없다.

끝나지 않는 인사

"안녕하세요?"

"오랜만입니다."

이게 뭐냐고 누군가에게 묻는다면 하나같이 '서로 인사를 나누고 안부를 묻는 것'이라고 답할 것이다. 맞다! 우리나라의 경우 보통 이렇게 짧게 인사를 건넨다. 처음 보는 사이일 경우라도 대부분 "처음 뵙겠습니다"로 맺거나 자신의 소개를 간략하게 붙이는 "○○회사의 ○○○과장입니다" 정도다.

상대를 파악했거나, 매우 궁금한 상태가 아니라면 좀체 긴 안부를 물을 것이 없다. 거기서 자신을 더 소개하면 수다스러운 사람 혹은 경우가 없는 사람 내지는 주책바가지라고 곧장 낙인찍힐 수도 있다.

이란에 도착해 비즈니스 관계로 새로운 분을 소개받았던 때다.

당연히 처음 마주하는 자리라 최대한 밝은 표정을 하고 상대를 존중하는 모습을 보였다. 상대도 마찬가지였다. 뭐 거기까지는 우리와 차이가 없다. 세상에서 가장 쉬운 인사법은 일단 미소다. 미소를 보였으니 '나는 당신과 친해지기를 원합니다' 쯤은 이미 된 것이다. 이제 서로를 소개하는 순서다.

한국, 코오롱, 테헤란지사장, '재키정 필자의 영어식 이름'이 등장했다. 그래, 이게 끝이다. 한국이라면 당연하다. 더 소개하면 뭔가 이상해진다. 이제 상대의 차례다. 이란 말만 구사하는 분이라서 현지직원이 통역에 나섰다. 회사, 이름, 직위의 순서를 기다리는데 아무래도 회사의 이름이 길었다. 초창기에는 이란 말을 전혀 몰라 지금과 달리 인사 나누는 것도 할 수가 없었는데 '와, 회사이름이 설마 저렇게 긴 거야? 아니 저 회사 사람들은 어떻게 자기 회사 이름을 다 외우는 거야? 세상에서 회사 이름이 제일 긴 나라는? 이란!'하고 판단하기에 이르렀다. 그런데 그게 아니었다. 말 그대로 자신을 소개하고 상대방 안부를 물어보는 첫 인사말이 그렇게 길었다. 예를 들어야 아무래도 쉽겠다.

"저는 10층으로 지어진 빌딩에서 5층에 화장실 옆 두 번째 사무실을 쓰고 있답니다. 그곳에서는 밖이 아주 잘 보입니다. 거기서 업무를 보다보면 참으로 즐겁습니다. 그런데 제 옆 사무실에는 목소리 큰 사장님이 계셔서 소음 때문에 힘들어요. 그래도 전 제 사무실이 아주 좋습니다. ○○○ 님은 어떤 빌딩 몇 층 사무실을 쓰시지요?"

그게 뭐 어떠냐고. 그런 것 쯤 물을 수 있는 게 아니냐고? 그렇다. 틀린 질문은 아니다. 그런데 이란에서 그쯤은 그저 "안녕하세요"와 비슷하다는 것이다. 말 그대로 상대에 대한 안부를 길게 묻는 것이다. 이제 겨우 인사의 첫머리에 겨우겨우 도착했다는 신호다. 본론은 아주 한참 후에 들어간다. 그 역시 처음에는 낯설고 좀 어리둥절하기만 했다.

'아니 무슨 인사가 이렇게 긴 거야?'

'안녕하세요. 묻다가 안녕히 가세요, 까지 가버리겠네.'

그들의 인사를 속으로 듣다 이제 끝난 것인가 하면 아직도 이어지고 또 한참 들은 후 이제 끝인가 보면 겨우 반쯤 와 있다. 아직도 인사가 끝난 게 아니다. 말 그대로 끝날 때까지 끝난 게 아니다. 그럼 사람들을 볼 때 그 긴 인사를 어떻게 견뎌야 하는가 하고 물을 것이다. 그런데 역시 답은 간단하다. 서울에 내내 살던 사람이 제주도에 가면 우리나라 사람인데도 서로 말을 알아듣지 못하는 경우가 많다. 하지만 제주도에서 생활하다 보면 익숙해지기 마련이고 어느 순간 도통 알아듣지 못하던 사투리가 쏙쏙 들어오게 되지 않던가. 그 사투리가 익숙해지면 한번쯤 제주도를 낯설어하는 이에게 자신이 마치 제주 사람이라도 된 양 살짝 흉내도 낸다. 익숙해진다는 것은 무섭도록 행복한 것이다.

1년여가 지났다. 이란이라는 곳에 차츰 몸과 마음이 익숙해졌다. 긴 인사법을 즐기고 있는 나를 발견하고 스스로 놀라기도 했다. 먼저 인사를 건네며 얼굴을 편다. 물론 어느 때건 웃는 얼굴은 기본이다. 이란 사람들 역시 웃음은 기본매너다.

"오늘 아침에 이곳으로 오느라 차를 한 시간 반을 타고 왔습니다. 오다 보니 밖으로 붉은 잎을 가진 나무가 있었는데 얼마나 아름다운지 차에서 내려 사진이라도 찍고 싶었습니다. 그런데 사장님 오시는 길은 편하셨는지요?"

"그러셨군요. 저 역시 붉은 잎을 아주 좋아하고 붉은 색의 꽃도 아주 좋아합니다. 붉은 잎을 가진 나무들은 그만큼 강렬한 향기를 갖고 있거든요."

조금, 아주 조금만 더 생각해 보면 매우 매력적인 인사법이다. 뭐하러 불필요하게 그렇게 긴 안부를 묻는 거냐고, 간단히 인사를 나누면 그만 아니냐고 할지 모르겠다. 하지만 '빨리, 더 빨리'에 익숙한 우리나라 사람들이 언제 저리 낭만적이고 행복한 안부를 물어본 적이 있는가.

어느 순간 그들의 긴 안부는 편안해진다. 처음 만난 내게 사돈과 사돈의 팔촌 안부까지 묻더라도 결코 지루하지 않다. 매우 이상하게 들리던 제주도 사투리를 알아듣기 시작하는 순간 그 사투리가 정감 있게 들리는 것처럼 이란의 긴 안부도 다정다감하게 들린다. 그들의 긴 안부는 말이 많은 것으로 해석되지 않는다. 나보다 상대의 안녕을 걱정하고 관심 있어 하는 마음이 아름다운 언어로 표현되는 이란만의 멋진 인사법이기 때문이다.

늘 긴 안부를 듣다 짧은 인사를 듣게 되면 오히려 내가 뭔가 잘못했나 싶은 생각이 들었다. 습관이란 역시 무서운 법이다.

우리도 이런 매력적인 인사를 한 번 건네 보면 어떨까?

"저는 ○○디자인실의 ○○○입니다."

"저는 꽃처럼 향기로운 그림을 좋아하거든요. 향기가 터질 것 같은 디자인을 제공해 드리겠습니다. ○○기획실 ○○○입니다. 반갑습니다."

이런 인사법이 이상하거나 어색한 건, 덜 익숙해 그럴 뿐이다. 익숙해진다는 것은 길들여지는 것이 아니라 더불어 아름다워지는 것이다. 이란에 가서 누군가를 소개 받는다면, 혹시 그가 당신에게 시시콜콜한 걸 묻더라도 뭔가 캐내려 한다는 의심을 품지는 마시길…. 그는 그저 당신의 안부가 궁금할 뿐이다. 안부가 긴만큼 당신의 안녕을 그는 빌고 있는 것이다.

이란의 긴 안부는 형식이 아닌 마음이다. 그래서 그들의 안부는 늘 봄날처럼 따뜻하다. 혹자는 이런 긴 안부 인사법을 그럴듯하게 해석하기도 한다. 고대 페르시아 상인들은 비단길을 오가며 집단으로 대상을 형성해 광야에서 상대편 대상을 만나게 되는 경우가 많았다고 한다. 이때 우리는 도적떼도 아니고 당신들에게 적의가 없다는 표현을 하는 과정에서 긴 안부가 생겼다고 하는데 그 연유야 어떻든 따뜻하고 섬세한 인사는 아름답다.

STOP

이란도 우리나라처럼 어른을 존중하는 사회다. 아버지나 할아버지 등 웃어른들을 대하는 태도는 한국과 별반 다르지 않다. 또한 자식이 나이 든 부모를 모시고 돌보는 모습도 한국과 매우 흡사하다.
우리나라가 대가족 제도에서 현시대에 맞게 소가족 형태로 변하하고 있는 것처럼 이란도 그 단계가 우리와 비슷하다. 결혼하면 분가해 따로 살림을 내는 신혼부부의 모습도 우리와 같다.

따로따로 남녀

"수영장을 남녀가 따로따로 사용해야 한다니요?"

"당연합니다. 그럼 수영장을 남녀가 같이 사용한단 말인가요? 이란에서는 절대 있을 수 없는 일입니다."

이란의 고급 아파트에는 입주민이 사용하는 수영장이 있다. 우리나라의 고급 주상복합 아파트에 딸려 있는 수영장과 별반 다를 것이 없다. 그런데 특이한 것이 있다면 이란에서는 남녀가 동시에 수영장에 들어가서는 절대로 안 된다는 점이다. 그곳에서는 상상도 할 수 없는 일이며 그들은 상상하지도 않는다. 이란에서는 남자와 여자의 공간이 분리되어 있는 곳이 많고 시간이 나뉘어져 있는 경우 역시 흔하다. 월수금은 남자가 사용하고 화목토는 여자가 사용하는 식이다. 이 역시 처음 낯선 것들 중 하나였다. 우리나라의 조선시대라면 가능할까 싶은 남녀 구별이 철저히 이루어지는 것이다.

"남자와 여자가 따로 수영장을 사용해야 한다면 가족은 어떻게 합니까?"

누구나 궁금할 것이다.

"가족 역시 남자와 여자가 구별되어 수영장을 사용할 수 있습니다. 마찬가지입니다."

"가족이라도 말인가요?"

"네. 가족도 남자와 여자가 따로 있으니까요."

아내나 딸과도 함께 들어갈 수 없고 애인과 친구와도 남녀 사이라면 수영장에는 함께 들어갈 수 없다. 역시 그들에게는 익숙한 일이고 당연했으며 이방인들에게는 낯선 풍경이었다. 물론 이 역시 한국 사람의 기준이라서 일 것이다.

이란 북쪽에는 내륙바다 카스피안이 있고 남쪽에는 페르시안 걸프가 있다. 테헤란 북쪽에는 해발 4,000미터의 알보르즈산맥이 병풍처럼 펼쳐져 있고 그 산맥 너머에는 세계에서 두 개밖에 없는 내륙바다 중 하나인 카스피안이 있다. 부임 후 이듬해 여름 그곳 해수욕장을 가기로 했다. 산맥을 넘나드는 아찔하고 가파른 산길을 오르내리며 경포대 해수욕장을 떠올렸다. 해변의 낭만이 이란이라고 어디 다르랴. 카스피안의 바다 역시 매우 아름다웠다. 도착해서 시원한 바다를 눈에 담기 시작했다. 그래, 그랬다. 백사장에는 여름철이라 많은 사람들이 피서를 와 북적이고 있었는데 뭔가 이상했다.

"설마…."

바닷가 어느 지점쯤 넓은 천막이 바다 쪽만 개방이 된 ㄷ자 형태로 쳐져 있었다. 기둥을 군데군데 박아서 천막을 유지한 모양새였다. 순간 천막의 의미를 알아차렸는데도 확인하고 싶어 물어보았다.

"저건 뭐하는 곳인가요?"

"아, 그곳은 여자들이 쓰는 곳입니다."

답을 듣고 둘러보니 바다 안쪽에는 여자가 보이지 않았다.

"해수욕도 그렇다는 겁니까?"

"네. 그렇습니다. 여자는 따로 수영해야 합니다. 남자와 함께 수영하면 안 됩니다."

예상이 틀리지 않았다. 문득 우리나라의 해수욕장에 같은 모습을 만들어 놓았다면 어떤 일이 벌어졌을까 상상해 보았다. 피식 웃음이 새어 나왔다. 남자들만 득실거리는 해수욕장에서 이란의 남자들은 정말 낭만을 느낄 수 있는 것일까? 천막 안에 모인 여자들은 역시 해수욕의 즐거움을 제대로 만끽하고 있는 것일까 궁금했다. 우리나라 같으면 바닷가로 들어서면 시원한 파도보다 더 먼저 만나는 것이 흔하디흔한 호텔이나 모텔이다. 물론 이란에도 바닷가에 호텔이 있다. 다만 우리나라처럼 남녀가 손을 잡고 호텔로 들어가 투숙을 하는 게 그리 순조롭지 않다. 두 사람이 부부관계라는 것이 증명되지 않는다면 절대 투숙은 불가능하기 때문이다. 부녀 지간에도 가족이라는 것이 입증될 경우에 한해서만 함께 투숙이 가능해진다.

바닷가에 발을 담가보았다. 차가운 바닷물이 몸에 닿는 순간 그렇다면 이란 사람들은 서로 어떻게 인간관계를 형성하는지 궁금해지기 시작했다.

그즈음, 테헤란 북부 최고 부촌에 사는 거래처 회장님이 주최하는 파티에 초대되었다. 이란 사람들의 뒷모습을 보게 될 좋은 기회였다.

'파티라, 파티라니'하다가는 이내 고개를 저었다. 집으로 들어서면 남자와 여자가 각기 따로 방을 구별해 들락거리고 서로 보는 것도 힘들고 서로 조심조심하며 말을 건네거나 아예 마주하지도 못할 텐데, 무슨 재미있는 파티가 되겠나 싶은 생각이었다.

한국이나 싱가포르에서 열리는 화려한 파티를 기대하는 것은 아무리 생각해도 무리였다. 평소보다 화장에 신경을 쓰고 아름다운 옷을 입은 여성들과 상대를 배려한 예의를 갖춘 의상을 입은 남자들, 그들이 즐겁게 서로 이야기를 나누며 파티의 목적을 이루는 건 이란에서는 불가능으로 여겨졌다.

'그런데 파티는 왜 하는 거야? 혹시 무늬만 파티 아니야?' 그저 빵

몇 조각 차려놓고 '파티에 오신 당신을 환영합니다'하는 건 아닌지 안 해도 될 걱정까지 앞서버렸다. 하지만 다시 생각해도 남녀가 철저히 구별되는 이란에서의 파티는 얼마나 희한한 모습일지 상상도 어려웠다. 얼마나 썰렁하고 민망한 파티가 벌어질지 실로 걱정이었다.

'여자들은 각기 다른 방에서 따로 파티를 벌이겠지?' 하다가는 '설마 거실에도 천막을 쳐 놓고 여자들은 따로 파티를 하는 거 아니야?' 다시 그러다가는 '설마가 늘 현실이었잖아?'에서 판단이 멈춰서던 순간 초대된 파티가 열리는 집 앞에 도착되었다.

"어서 오세요. 환영합니다."

"초대해 주셔서 감사합니다."

안으로 들어서던 순간부터 혹시 내가 유럽 어느 저택에서의 파티에 초대된 것인지 헷갈리기 시작했다. 천막을 쳐 놓고 철저하게 남자와 여자를 구별하던 해수욕장의 이란 사람들은 온데간데없었다. 슈트로 한껏 멋을 낸 남자들이 손님들을 반갑게 맞이했고 초대된 여성들은 밖에서 보던 테헤란의 알듯 모를듯하던 이미지와는 정반대의 모습이었다. 수려한 화장은 물론이거니와 처음 보는 이방인들에 대한 낯설음도 전혀 없어보였다. 파티가 열리는 집은 그 어느 유럽파티 못지않게 화려했다. 오히려 한국이라면, 파티장소가 아닌 집에서 이토록 수려한 파티를 즐기는 사람들이 있을까 싶을 지경이었다. 영화 〈식스센스〉를 능가하는 반전에 그저 놀라울 따름이었다. 밖에서 이루지 못하는 꿈을 안에서 이루고 있는 것 같았다.

여성들의 옷차림이나 화장도 매우 화려했고 초대된 손님들이 당황하지 않도록 배려하는 마음도 넉넉했다. 꽃을 좋아하는 사람들답게 파티가 열린 집에는 화사한 꽃들이 아름답게 장식되어 있어서 그들의 꼼꼼함도 엿볼 수 있었다. 그들의 놀라운 춤 솜씨를 보며 저토록 넘치는 정열과 끼를 밖에서는 어떻게 감추고 살아가는 지 신기할 따름이었다. 이들이 한국에서 태어났더라면 아이돌스타가 되고도 남았을 것 같았다.

그전에 특급 호텔에서 거래처 자제분 결혼식의 피로연에서도 남자 하객들은 남자들 연회장에서 여자 하객들은 여자들 연회장에서 각각 파티를 했었는데 집에서의 파티는 완전히 다른 모습이었다.

'어떻게 이런 사람들이 밖에서는 그토록 경계선을 두고 살아 갈 수 있는 것일까?'

궁금했지만 묻지 않았다. 반쯤은 알 수 있었고 반쯤은 알 수 없었다. 종교적인 이유이건 정치적인 이유이건 그건 내가 논해서는 안 될 일이다. 그것은 이란 사람들, 그들의 것이니까. 중요한 것은 남녀가 구별되는 밖이든, 이처럼 남녀 구별 없이 화려하게 펼쳐지는 파티장이든 이방인인 나를 언제나 따뜻하게 맞아 주었다는 사실이었다. 그들은 말했다. 한국인들은 모이면 노래방 기계를 틀어놓고 노래를 하지만 이란인들은 모이면 춤을 춘다고….

STOP

이란 여성들의 피부를 볼 수 있는 부분은 얼굴과 손뿐이다. 다른 곳은 절대 드러내지 않는다. 당연히 몸의 곡선은 드러나지 않는다. 밖에 나갈 때는 헐렁한 실루엣에 무릎까지 내려오는 상의를 입어야하기 때문이다. 하지만 집안에서의 의상이나 속옷 등은 한국인들보다 더 화려하다고 한다. 그러나 여성복을 파는 매장의 마네킹에도 히잡을 두른다.

꽃을 든 남자

　이란으로 간 이듬해 딸이 여섯 살 때의 일이다. 새로운 사업들을 꿈꾸고 있어서 소개로 알게 된 지 얼마 되지 않은 거래처 가족을 집으로 초대했다. 환심을 사볼 요량으로 저녁을 같이 하기로 한 것이다. 초인종이 울리고 대문을 열었는데 거래처 부부와 역시 여섯 살쯤 되는 사내아이가 서 있었다.

　인사를 나누고 보니 이들 부부 손에 꽃이 들려 있었고 꼬마아이의 손에도 앙증맞은 조그만 꽃다발이 쥐어 있었다. 그리고 그들 부부는 우리에게 꽃을 건넸는데 그 사내아이 역시 별도로 딸에게 그 꽃다발을 건넸다.

　그 모습에 놀란 것은 딸뿐만이 아니었다. 일전에 바깥 식당에서 같이 식사를 한 적이 있어서 아이들끼리도 일면식이 있었는데 순간 '아니 우리 딸을 저 아이가 좋아해서 이렇게 꽃을 선물하는 것일까?'라고 생각했다. 참 독특한 아이이거나 어른 흉내를 잘 내는 아이라고 생각했다. 혹은 말 그대로 아직 어리기에 하는 행동이라고 생각했다. 재미있기도 하고 한편으로는 기특하다는 생각도 들었다. 아무튼 딸은 꽃 선물을 받고 즐거워했다. 꽃을 받고 싫어하는 여자들이 있을까만 딸아이도 역시 그 모습을 보니 천상여자였다.

이튿날 아침 현지직원들과 커피타임을 가질 때 말했다.

"어제 거래처 부부가 꼬마 아들과 같이 우리 집에 왔었는데 여섯 살 애가 글쎄 우리 딸에게 별도로 꽃을 선물하지 뭐야?"

"예."

현지직원들은 별일 아니라는 듯 답했다. "아이가요?"하면서 놀랄 줄 알았는데 아니라서 더 궁금했다.

"아니 겨우 여섯 살쯤 되는 아이가 딸에게 장난감도 아니고 꽃을 선물하는 건 우리 딸을 좋아한다는 거 아니야?"

그때서야 그들은 미소를 지으며 나를 바라보았다.

"그게 왜요?"

그러다 현지직원들은 순간 아차, 하는 표정을 지었다. '맞다. 당신은 이란 사람이 아닌 한국 사람이지?'였다. 그들은 더 큰 미소를 보였다.

"이란에서는 애나 어른이나 꽃을 선물하는 일이 매우 자연스럽습니다. 타국 분들처럼 특별한 날이나 기념일에만 하는 것도 아니고요."

"아."

갑자기 이란에 처음 도착해 짐을 찾던 순간이 떠올랐다. 그리고 후진을 시도하며 달려오던 복잡했던 도로 위의 모습이 떠올랐다. 혼잡함과 더딘 상황 속에서도 누구하나 소리치거나 다투지 않았던 모습이 신기했는데. 혹시 꽃의 효과인가 하는 생각이 들어서였다. 언젠가 서울에서 꽃도매시장에 갈 기회가 있었는데 그곳에서 들었던 말이 생각났다.

"꽃 파는 사람들은 절대 안 싸워요. 꽃이 얼마나 좋은지 아세요? 온갖 도매상들 많잖아요. 옷부터 신발 등 죄다 도매상이 있잖아요. 그런데 다들 싸움이 나곤하잖아요. 서로 먹고 살아야 하니 경쟁도 생기고. 그런데 그거 알아요? 꽃도매상가 사람들은 싸우지를 않아요. 왜냐면 꽃을 가까이 하는 사람들이라서 그럴 마음이 애초에 없어서 그래요. 꽃이 그렇게 사람에게 좋은 거예요."

꽃의 색깔과 향기는 사람의 화를 누르고 마음을 차분하게 해주는 효과가 크다고 한다. 그러니 꽃을 늘 옆에 두고 사는 꽃도매상가 사람들의 모습은 자연스럽게 과학적인 증명이 된 셈이다. 이란에서는 꽃을 항상 선물한다는 말을 듣는 순간 꽃도매상가에서 들었던 말이 떠올랐다. 내형도로에서 우리나라에서는 볼 수 없는 진풍경이 벌어졌지만 그런 혼란 속에서도 어쩌면 차분하게 자신의 갈 길을 가고 공항에서 짐을 찾는 시간이 조금 더디더라도 묵묵히 자신의 차례를 기다리는 인내가 어쩌면 이 단순한 것들에서 비롯된 것인지 모른다고 판단되던 순간 '아, 이란!'이라는 생각이 들었다.

그래서일까. 아니 그래서였다. 궁금했다. 궁금해서 견딜 수가 없었다. 이란 사람들이 꽃을 좋아하고 꽃을 가까이 하는 모습을 직접 느껴보고 싶었다. 그래서 다음 날 곧바로 시장으로 달려갔다. 시장에는 생각대로 꽃을 파는 가게들이 즐비했다. 겨우 여섯 살 남자아이가 아무렇지 않게 먼 나라에서 온 같은 또래의 아이에게 처음으로 건넨 선물이 꽃이라니 다시 생각해도 희한하고 특별한 일이 아닐 수가 없었다.

'네. 꽃을 선물하려고요.'

딸아이에게 꽃을 건네던 같은 또래 사내아이의 모습이 떠올랐다. 꽃을 팔고 있는 사람에게로 다가섰다. 그리고 한아름 꽃을 챙겨보았다. 그때까지도 많이 어색했던 이란 말로 겨우 말했다. 아니 흉내라고 해야 더 옳겠다.

"꽃이 정말 아름답습니다."

꽃가게 주인은 환한 웃음을 지었다. 곧 '네. 꽃 사시게요?' 혹은 '아, 그 꽃은 얼마입니다'하고 빤한 답이 나올 것이라고 생각했다. 그런데 난데없이 하는 말이 순간 나를 당황스럽게 만들었다.

"그건 꽃을 바라보는 당신의 눈이 그만큼 아름답기 때문입니다."

순간 뭔가 잘못 들었나 하여 웃음을 참으며 꽃을 보는 체 하다가는 냉큼 자리를 옮겨 다른 꽃가게를 찾았다. 꽃가게 주인이 너무 오버한다 싶은 생각이 들어서였다. 그렇게까지 해서 꽃을 팔아야 하나 싶었다. 우리나라라면 면전에서는 오금이 저려 절대 하지 않는 말이었다.

다른 가게에서도 다시 꽃을 들어 보고 향기를 맡다가는 주인을 바라보았다.

"꽃이 정말 아름답습니다."

그런데 그 역시 별반 다르지 않게 답했다.

"그건 꽃을 보는 당신의 마음이 그만큼 아름답기 때문입니다."

드라마 대사로 썼더라도 우리나라 같았으면 소위 손발이 오그라들어 민망할 지경인 인사를 아무렇지도 않게 건네는 것이 아닌가. 이란 사람들이 한국에서 드라마 대본을 집필한다면 어떨까 하는 생각이 들 지경이었다.

한 번도 아니고 두 번이나 같은 인사를 받던 순간 다시 아, 하며 떠오른 것은 '여기는 이란이다!'였다. 그들은 꽃을 사랑하고 꽃을 늘 이웃하며 살아온 사람들이라는 걸 그때 배웠고 알게 되었다. 꽃을 보고 아름답게 여기는 사람에게 꽃을 팔기 위한 마음으로 그리 인사를 건네는 것이 아니라 실로 그리 생각하는 것이다. 꽃을 보고 아름답다고 말하는 사람에게 '꽃을 보는 당신의 눈이 아름답기 때문'이라는 언사, 다른 가게에 들러 다시 듣게 되고 보니 실로 눈이 정화되는 느낌이었다. 그들의 말은 진심이었다. 꽃을 아름답다고 생각하는 사람은 악심이 들어 있을 리 없기 때문이다.

꽃이란 사람들의 일상생활이 된 지는 아주 오래다. 무려 2,000년이라는 역사 동안 타인의 집을 방문할 때, 타인의 사무실에 인사를 하러갈 때 꽃을 선물하는 것은 단순한 습관을 넘어 차라리 전통에 가깝다. 우리나라의 대중가요 중에 〈사람이 꽃보다 아름다워〉라는 노래가 있지 않은가. 꽃을 선물하며 주고받는 그들의 마음은 진정 꽃보다 더 아름답다. 그리고 생각해보라, 우리나라에서는 꽃을 주고받은 지 수십 년에 불과하지 않은가? 먹고살기 힘든 우리에게 꽃은 사치였지만 페르시아 대국의 그들에게는 석유가 발견되기 이전부터 의식주 정도는 해결이 되었으니 꽃을 서로 주고받는 호사를 누리지 않았겠는가?

그해 결혼기념일에 꽃을 한아름 사 갖고 집으로 들어섰다. 물론 그날도 꽃을 사는 동안 꽃을 보는 나의 눈이 아름다워 그렇다느니 꽃을 사는 나의 마음도 꽃과 같다느니 하는 행복한 인사를 들어야 했는데 처음과 달리 그 말이 매우 다정하게 들려왔다. 아내가 꽃을 보며 반겼다. 딸아이가 천상여자이듯 아내 역시 늘 여자라는 사실을 그럴 때만 깨달으니, 순간 살짝 미안했다.

이리 쉬운 표현을 왜 우리는 특별한 날에만 했던 걸까? 아니 특별한 날에도 실은 쉬이 하지는 못했다. 단순하지만 누군가를 이렇게 쉽게 행복하게 하고 이내 웃게 만드는 선물인데 우리는 좀 인색했던 게 아닐까?

그동안 꽃을 선물 한 게 몇 번인지 헤아려보니 손에 꼽을 수 있을 만큼이었다. 방긋 웃는 아내의 모습을 보니 다시 한 번 미안했다. 아내는 갑작스럽게 무슨 꽃이냐며 다시 물었다.

"웬 꽃이에요?"

"당신 주려고 사왔지."

아내는 꽃을 보며 말했다.

"꽃 정말 예쁘다."

피식 웃으며 답했다.

"그건 꽃을 보는 당신의 눈과 마음이 그만큼 예뻐서 그런 거야."

이란과 인연을 맺은 지 이제 십팔 년이 되었다. 얼마 전 현지 자동차공장을 승용차를 타고 둘러보는데 안내하는 이란 여성 직원이 앞쪽 자리에 앉으면서 (이란에서는 여성이 외간남자에게 자신의 뒤쪽을 보여주는 것은 실례라고 생각한다) "손님! 제가 뒤쪽을 보여드려서 죄송합니다"라고 말했다. 이에 나는 "꽃에 앞뒤가 어디 있습니까?"라고 응수했다. 어느새 나는 한참 이란 사람이 되어 있었다. 이렇게 시적이고 은유적 표현이 일반화된 대국이 바로 이란이다. 비즈니스를 할 때도 너무 직설적이고 속을 곧바로 드러내는 표현은 삼가는 게 좋지 않을까?

STOP

이란에서는 아주 큰 접시에 음식을 담아낸다. 그런 다음 자신이 먹을 만큼 작은 접시에 덜어내 먹는다. 친밀해지면 밖에서 보다는 주로 집으로 손님을 초대해 식사를 하는 경우가 많다. 이란 사람들은 과일을 무척 좋아한다. 일조량이 높아서인지 과일이 풍성하고 당도도 높다. 또 우리가 홍차라고 부르는 블랙티(Black Tea)를 하루 종일 입에 달고 산다. 하지만 최근에는 커피를 즐기는 젊은이들이 늘어나서 테헤란 곳곳에 커피전문점이 생기기 시작했다.

교회와 술집이 없는 곳?

"이란에 가면 이슬람교를 무조건 섬겨야 하는 건가요?"

이란하면 가장 먼저 떠오르는 것이 무엇인가요? 라고 묻는다면 대부분의 사람들은 이슬람교라고 답할 것이다.

현지 생활에서 이슬람교의 장악력은 실로 만만치 않다. 절대 권력이나 다름없는 이슬람교의 종교지도권 하에 살고 있는 이란이니 그곳에 머물게 된다면 당연히 이슬람교를 숭배해야 하는 것으로 생각한다. 몇 번이나 말했듯 로마에 가면 로마법을 따라야 하니 이란에 가면 이란법과 습관을 따라야 하고 당연히 이슬람교를 섬기고 따라야 하는 것이 아닌가 생각할 것이다. 최소한 믿는 척이라도 해야 그곳에서 온전히 살 수 있을 것 같지 않은가. 처음엔 나도 그렇게 생각했다. 정치와 종교가 하나라는 세계 유일의 '정교일치' 국가이니 다른 종교가 아예 없다고 생각했다. 기독교나 천주교를 섬기면 보고가 올라가고 심각한 종교적 탄압을 견딜 수 없을 테니 아예 십자가가 붙은 교회나 성당은 있을 수 없다고 말이다.

"저요? 저희 가족은 가톨릭성당에 다녔습니다."

누군가 이란에서 종교는 어떻게 했느냐고 물으면 항상 하는 답이다. 사람들은 그 답에 놀란 표정으로 묻곤 한다.

"아니 이란에서 가톨릭성당을 다녔다는 말입니까?"

"그렇습니다. 저는 그곳 가톨릭성당에서 세례까지 받았습니다."

가톨릭성당에서 세례까지 받았다는 말에 사람들은 더욱 놀란 표정을 짓곤 한다. 어떻게 이슬람국가인 이란에서 가톨릭성당을 다닐 수 있으며 세례까지 가능하다는 것인지 좀체 믿을 수 없다는 반응이다. 뭐, 나 역시 그러 했으니 가보지 않은 사람들이 그리 생각하는 건 당연하다.

이란은 여러 국가들과 국경을 접해있다. 그중에 아르메니아라는 작은 국가가 있다. 수백 년 전에 아르메니아 사람들 수십만 명이 이란으로 이주를 한 적이 있다. 당시 이란이 아르메니아와 협약한 내역 중 그들의 종교를 인정해준다는 내용이 포함되어 있었다고 한다.

그래서 테헤란 시내를 돌아다니다보면 간혹 십자가가 걸려있는 아르메니아계 교회를 볼 수 있다. 아르메니아인에게 국회의원 한 자리를 배정해 주는 규정도 있다. 소수민족을 보호해주기 위한 차원으로 배려를 한 것이다. 배려는 여기서 머물지 않는다. 아르메니아 식당에 가면 이슬람국가인 이란 사람들은 절대 먹지 않는 돼지고기도 팔고 와인도 판다. 타문화와 종교를 존중하고 배려하는 것이다.

이란에 도착한 다음 한국인들의 소식을 가장 먼저 접할 수 있던 곳은 한인 성당과 교회였다. 한국에서 온 목사님도 있다. 이란 사람들은 외국인들이 주말에 모여 종교생활 하는 것을 이상한 눈으로 바라보지도 않을 뿐더러 국가적 차원의 경계나 관리도 없다. 이방인의 종교를 그대로 인정해 주는 것이다. 교회에서 하나님을 외치며 실컷 기도를 해도 누구도 뭐라 하지 않는다. 성당도 마찬가지다. 로마 교황청이 이란에 대사관을 가지고 있다는 사실을 아는 사람들은 드물다.

우리 가족을 비롯한 십여 가족이 모여 주말이면 한인미사를 보곤 했는데 한국에서는 일 년에 한두 번 얼굴 뵙기도 힘들다는 주교님이 매주 미사를 집전하곤 했다. 단, 현지 이란인들에 대한 전도나 신앙전파는 원칙적으로 불가하다. 말 그대로 방해도 하지 않고 반대도 하지 않으나 자신들의 영역을 침범은 하지 말라는 것이다.

타국인들에게 이처럼 종교적 배려가 있지만 어찌되었든 이란에서 이슬람교의 지배력은 대단하다. 오래전 우리나라 왕권과 같은 위상이리고 보면 되셨다. 정치, 사회, 문화가 대부분 종교적 가치와 연결되어 있다. 종교적 영향력이 우세하다보니 이슬람 율법에 따라 그들은 술을 마시지 않도록 규정화 되어 있다.

"그럼 이란에 가면 술집이 없나요?"

"네. 이란에는 술집이 없습니다."

이란에는 당연히 술집이 없다. 술을 마시지 못하도록 되어 있으니 당연히 파는 곳도 없고 술집도 존재할 수가 없다. 우리나라에서 한 집 걸러 하나씩 있는 생맥주집을 기대하는 건 이란에서는 절대 불가능하다. '저녁에 한잔 어때?', '언제 한잔 해야지?'라는 말은 이란에서는 존재할 수 없다. 언젠가 이란에 대해 한국에서 대화를 하던 중 받은 질문이다. 내가 이란에 가보지 못한 사람이었더라도 똑같이 물었을 것이다.

"이란 사람들은 그럼 절대 술을 마시지 않는 겁니까?"

사업상 이란에 정착을 고려 중인 그는 거의 매일 술을 한잔씩 해야 직성이 풀리는 애주가였다. 술을 마시지 못한다니 이란을 갈지 말지 고민이라고 했다. 하지만 사실 그렇게 걱정까지는 하지 않아도 되는 고민이다. 술을 마시러 이란에 가는 것도 아닐 텐데, 라는 생각이 들기도 하고 또 술을 마시지 못한다니 망설여진다는 말에는 제대로 공감이 안 되니 내 마음도 알 길이 없었다.

"왜요. 이란에서는 술을 못 마신다고 하면 가지 않으려고요?"

"술도 못 마시는 나라라, 썰렁해서 어떻게 살 수 있겠어요?"

질문을 받던 순간 뭐라고 답해야 하는지 좀 헷갈렸다. 일단 논리로 설명하고 해답은 조금 천천히 하기로 작정했다. 그저 "그렇습니다. 종교적 장악력이 큰 국가이고 원래 규정이 그렇다보니 못 마십니다"하고 답을 해 놓고는 "잠깐 귀 좀 빌릴게요"하고는 속삭였다.

"우리나라에서 몇 년 전에 조선시대의 미라가 발견되었던 거 기억하시죠?"

갑자기 왜 조선시대 타령이냐는 표정이었다.

"미라에서 뭐가 발견 되었는지 아세요?"

"뭔데요?"

"서로 주고받은 수많은 연애편지였습니다."

갑자기 그 말을 왜 하는 거냐고 다시 물었다.

"생각해보세요. 우리가 생각하기엔 조선시대에 어떻게 연애가 가능했을까 싶잖습니까? 얼굴을 온통 가리고 다닌 여인네들이 자유연애라니. 안 그래요?"

그는 여전히 무슨 말인지 해석하지 못했다.

"이란에서 술을 마시지 못하게 되어있긴 합니다. 아마 조선시대에도 자유로운 연애는 못하게 되어 있었겠지요."

의미를 깨달았는지 고개를 끄덕이며 크게 웃었다.

"다 방법이 있다는 말씀이시군요?"

그보다 더 크게 웃었나. 그 웃음으로 답을 대신했다. 이란에도 피끓는 젊은이들이 살고 있고 친구들과 모여서 낄낄대고, 비즈니스를 위해 집으로 거래처 분들을 초대하곤 하는데 잘 모르겠지만 그들 중에 한잔 술이 그리운 사람들도 있지 않겠는가?

이란은 생각보다 배려심이 많은 나라다. 당연히 안 되는 어떤 일에 대해서도 알 수 없는 배려가 있는지도 모른다. 다 방법이 있기 마련이다. 그러나 방법은 여기선 비밀이다!

STOP 이란에도 패스트푸드점이 있다. 맥도날드나 KFC 등 우리에게 친숙한 브랜드를 이란에서 직접 볼 수는 없지만 이와 유사한 상호와 음식을 흉내 낸 패스트푸드점은 종종 눈에 띈다. 서구형 대형 할인점도 속속 문을 열고 있다. 이란도 이제 서구문화를 받아들이고 있지만 100퍼센트 그대로 받아들이지는 않는다. 그들은 자신들만의 스타일로 요리해서 수용하는 법을 잘 안다.

그들만의 자존심, 천장과 카펫

　이란에서 놀랐던 것 중 또 하나가 있다면 눈을 들어서는 안 되고 반드시 고개를 뒤로 젖혀야만 볼 수 있을 만큼 높이의 건물 천장이었다. 지진을 우려해 옆집과 붙여 지은 주택들이 즐비한데 집안의 천장은 우리 기준에서 보면 낭비란 생각이 들 정도로 높다. 건축 원가를 고려해 최대한 낮은 천장으로 건축된 한국의 아파트에서 살다가 가서 그런지 선진부국이 아니면서 천장을 이렇게 높게 짓다니 좀 모순인듯 싶기도 했지만 거기엔 이란의 대국 문화가 고스란히 담겨 있다는 걸 한참 후에나 알게 되었다.

　이란에서 요즘 들어서고 있는 새로운 아파트들도 한국보다는 높은 천장이지만 전에 지은 주택이나 건물들은 하나같이 웅장한 천장의 높이를 자랑하고 있다. 테헤란 묵쪽 고급 저택들은 마치 궁전 같기도 하고 언뜻 교회나 성당의 천장과 맞먹을 만큼 높다. 천장을 바라보고 있으면 '어때? 이만하면 이란의 대국 위상이 느껴지지 않아?'하고 물어보는 것 같다.

"이란의 집들은 왜 이렇게 천장이 높은 건가요?"

그들은 별스럽지 않은 듯 답했다.

"남쪽 시라즈라는 도시에 가면 페르세폴리스라는 2,000년 전 페르시아 왕국의 모습을 보여주는 도시 유적이 있습니다. 그곳의 건물 돌기둥 높이를 가서 보시면 이해가 될런지요."

그렇다. 이란 사람들은 수천 년 대국 후예의 모습을 아직 그대로 갖고 있다. 말 그대로 국민적 자존심이 대단하다. 그래서 집을 지을 때도 궁궐이나 성당처럼 위엄이 느껴지도록 짓게 된 것이다.

처음 이란에 도착해 살 집을 임대하려고 돌아다니던 때다. 몇몇 주택은 마음에는 들었지만 회사가 책정한 예산을 초과해서 임대료를 좀 깎아 볼 요량으로 흥정을 해봤지만 소용이 없었다. 대부분의 집주인들이 자신들이 정한 요율에서 한 푼도 낮출 생각이 없다고 단호하게 답했다. 이후에 알게 된 사실이지만 이란에서는 매월 수천 달러의 월세를 받을 수 있는 좋은 주택도 한참 동안 비워두는 경우가 많았다. 1년 혹은 그 이상 기간이라도 집주인이 원하는 임대료로 계약이 안 되면 차라리 비워두는 것이다. 우리나라 같으면 월세의 경우 수개월 동안 임대가 안 되면 매달 손해가 얼마인지를 따져 요율을 낮춰서라도 일단 세입자를 받아들이는데 이들은 달랐다.

페르세폴리스의 유적

그들은 물질적 손해보다 자존심에 더 큰 무게를 두는 사람들이다.

어느 날은 거실을 유난히 눈에 띄게 장식한 주택을 본 적이 있다.

"저건 거울들이 아닌가요?"

"예, 그렇습니다."

"그런데 왜 거울을 저리 조각조각 붙여 놓은 것입니까?"

벽면과 천장에 있는 거울이었는데 큼직큼직하게 붙인 것이 아니라 아주 잘게 여러 조각으로 모사이크처럼 붙어 있었다. 수천 개가 넘는 거울을 붙이는 작업에 엄청난 시간과 노력이 투여될 수밖에 없었다.

"이게 페르시안 미러입니다."

그저 장식인가 싶었는데 그들의 철학과 문화가 녹여져 있었다. 거울을 하나하나 붙이는 동안 모든 세상의 모습을 읽는다고 한다. 세상의 모습이 복잡다양하게 변하는 것을 거울이 하나하나 바라본다는 의미라 했다. 누구든, 무엇이든 한 번만 보지 말고 각각의 모습을 살펴야 한다는 의미일 것이다. 벽에 붙은 거울 하나에도 의미를 부여한 것이다. 언뜻 그저 높게 지어진 천장이나 그저 장신구로 여긴 거울에도 자긍심과 자존심을 채운 것이다. 또 자신과 상대를 철저히 파악하기 위한 버릇도 은연중 드러난 것이다. 이렇듯 높은 자존심을 그들은 겉으로 표하기도 하지만 좀체 알 수 없도록 속내를 꼭꼭 숨겨 놓기도 한다. 해서 이런 말이 있기도 하다.

'이란은 겉을 보고 판단해서는 안 된다.'

이란의 카펫 제조기술은 가히 세계적이라 할 수 있다. 꽃을 사랑하는 민족인 만큼 카펫의 수려함도 화려한 꽃에 뒤지지 않는다. 한번은 카펫을 사러 카펫만 전문적으로 판매하는 골목으로 접어들었다. 가서 보니 카펫가게가 듣던 것과는 달리 규모가 작았다. 마음에 두고 있는 카펫을 팔 것 같은 분위기가 아니라서 걱정이었다. 어디를 가면 생각해두었던 카펫을 구입할 수 있는지 물어야겠다고 생각했다. 마침 카펫가게 입구에 나이가 지긋한 분이 의자를 놓고 앉아 있었다. 그는 다가오는 나를 물끄러미 바라보았지만 결코 서두르거나 호객을 하려는 모습이 아니었다. 이미 오래전부터 그러했노라고 표정이 말해주었다. 노인은 차를 마시며 다가가는 내 모습을 힐끔 바라 볼 뿐이었다. 가까이 다가갔더니 겨우 관심을 두는 척 시늉했다. '나는 당신이 카펫을 사든 말든 별 관심이 없소'하는 것 같기도 해 잠깐 헷갈렸다.

"어디에서 왔습니까?"

"저는 한국에서 왔습니다."

그러자 노인은 한국에서 왔다면 북쪽이냐 남쪽이냐 하고 물었다. 카펫을 사러 갔는데 북에서 왔든 남에서 왔든 왜 궁금한 것인지 묻고 싶었지만 그저 물으니 남쪽이라고 답했다(남쪽에서 갔다면 북쪽 사람들보다 경제적인 상황이 나을 수 있다는 것을 속으로 셈하고 있는 것이란 걸 나중에 알았다). 그러더니 어떤 제품을 원하느냐고 물었다. 카펫은 100퍼센트 실크를 수제로 만든 최고급부터 고급 울제품을 거쳐 기계로 제작한 아주 싼 아크릴 제품까지 천차만별의 품질이 있다는 것쯤은 잘 알고 있었다.

"저는 좋은 울로 만든 카펫을 구입하고 싶습니다."

이란 친구 집에서 보았던 고급 울카펫을 마음에 두고 있던 터였다. 하지만 노인이 지키고 있는 가게 안쪽을 보니 그리 많지도 않은

이란의 카펫가게

이제는 이란이다

종류에 내가 원하던 카펫은 보이지 않았다. 발길을 돌려야겠다고 생각했다. 노인이 내가 얼마 정도의 예산을 생각하는지 다시 한 번 물어 보기도 해 짜증이 날 지경이었다. 구매 의사가 거의 확실하다 는 것을 확인한 후에야 노인은 자리에서 일어섰다.

"날 따라 오시오."

따라 오라니, 이곳이 전부가 아니라는 말인가? 노인은 앞장섰고 나는 뒤따랐다. 가게 뒤쪽 골목을 돌자 건물이 나타났다. 언뜻 창고 같은 문을 열자 앞쪽 가게와는 비교도 안 될 광경이 펼쳐졌다.

"오! 맙소사."

탄성이 절로 터졌다.

"이게 모두 카펫이란 말인가요?"

일단 엄청난 규모의 카펫보관소에 놀랐고, 다음에는 엄청난 종 류의 카펫이 종류별로 빼곡히 쌓여있는 모습에 다시 한 번 놀랐다. 더욱 놀란 것은 그 많은 카펫이 각각의 다양한 색상과 무늬로 짜여 서 너무나 아름다운 자태를 뽐내고 있다는 사실이었다. 다이아몬 드와 황금 다음으로 카펫을 보석의 순위에 올려야 한다는 생각이 들 정도였다. 이란이 왜 카펫의 대국인지 알 수 있었다.

"너무 아름답습니다."

"어때요. 어떤 제품을 원하시나요?"

노인은 처음보다 훨씬 친절하게 나를 대했다. 이제 확실히 카펫을 구입할 것이라는 확신이 들었던 모양이었다.

카펫을 구입하고 돌아오면서 노인이 왜 처음부터 엄청난 규모의 카펫보관소를 냉큼 보여주지 않은 것인지 궁금했다. 그러다 '아, 역시 이란장사꾼!'이라는 생각이 들었다. 물건을 반드시 구매할 사람인지, 구매하려한다면 얼마 만큼의 가격대를 원하는지, 그저 카펫 구경이나 하고 돌아갈 사람인지 충분한 사전파악 후 확신이 들고 난 다음에야 진짜를 보여 준 것이다. 장사속이라고? 그렇다. 그들은 페르시아 상인의 후손이다. 그들은 상대를 먼저 파악하며 자신의 속내는 쉽게 비추지 않았다. 어차피 사지 않을 거라고 판단되면 자신의 제품을 보여줄 이유도 없다고 생각했었던 것이다. 이후 이란 상인들과 비즈니스 협상을 하면서 비슷한 일들을 많이 겪게 되었는데 나는 이들의 행태를 '페르시안 예비교섭'이라 명명하였다. 자신의 시간과 노력을 낭비하지 않겠다는 정확한 계산이다.

장사하는 사람의 목적은 돈이다. 계산속이 나쁜가. 돈을 목적으로 하는 사람들에게 있어서 시간 낭비는 가치 없는 에너지 낭비다. 이상할 것도 잘못한 것도 없다. 모름지기 장사의 매력은 팔게 만드는 재주를 부릴 때 상대가 호응해 주는 것이다. 페르시아 상인의 후손은 그 기질을 멋지게 발휘했던 것이다. 이란에서는 겉을 보고 판단하지 말라는 말이 떠올랐다. 거래처 매장이나 사무실을 방문해도 마찬가지다. 새로 거래처를 개발해 처음 사무실을 방문했을 때

작고 초라하게 꾸며져 과연 이런 거래처에게 얼마나 팔 수 있을지 회의가 느껴질 즈음에 그들의 첫 오더가 상상을 초월한 규모여서 화들짝 놀란 기억들이 많다.

이란에서 3년쯤 근무를 했을 때 플라스틱 관련 신규개발 품목을 정해 뛰어다닌 적이 있다. 당시 테헤란 바자르 도소매시장에서 최대 수입업체라는 곳을 본사에서 출장 온 담당임원과 함께 방문했었는데 소문과 달리 사무실이 초라한 상가 건물의 3층 옥상 한국의 옥탑방에 위치해 있었다. 철제 외부계단을 오르내리는 위험한 곡예를 해야 출입이 가능했다. 본사로 돌아간 해당임원이 자신을 어떻게 그리 초라한 거래처로 안내했느냐며 비난성 뒷담화를 하고 있다는 말이 들려왔다. 그즈음 업체가 개설한 신용장을 받게 되었는데 엄청난 규모에 다들 놀라지 않을 수 없었다. 당시에 기껏 200~300톤 오더가 대부분이었는데 3,000톤을 한 번에 구매한 것이었다.

차를 세우고 구입한 카펫을 바라보았다. 또 길옆에 지어진 천장 높은 주택들을 바라보았다. 높은 천장으로 오랜 역사와 대국의 자존심을 지키는 사람들, 천 개의 작은 거울을 벽에 붙이며 인간과 세상의 모습을 관찰하고 그 거울에 비친 각에 따라 달라지는 다양한 모습을 보며 스스로를 파악해가는 세심한 사람들, 꽃과 자연을 사랑하고 온갖 표현으로 10여 분간 안부만 전하는 마음이 따뜻한 사람들, 하지만 비즈니스를 할 때는 상대를 충분히 파악한 후에야 명석을 깔며 그전에는 자신을 조금도 보여주지 않는 철저한 사람들, 화려한 치장을 하다가도 경우에 따라서는 초라한 겉모습으로 속모습을 감추는 팔색조 비즈니스맨들이 모여 있는 곳, 바로 이란이었다.

상대를 배려하는, 상대를 흡족하게 하는 꽃과 같은 선함과 상대의 지갑 속 상황까지 미리 파악하는 완벽한 계산속이 공존하는 이란에서 나는 장사를 시작해야만 했다. 세계 최고의 장사꾼 페르시아의 상인에게 감히 물건을 팔러갔다니 겁도 없었다. 특별한 마력을 가진 곳, 마력은 매력으로 다가왔다.

STOP

카펫은 이란의 명함 같은 존재다. 이란이 2014년 수출에서 약 2,500억 원을 벌어들인 것은 다름 아닌 손으로 직접 만든 수제 카펫이다. 무려 100여 개국에 수출을 하고 있으며 120만 명이나 되는 노동력이 카펫을 만드는 데 종사하고 있다. 특히 여성 인력이 상당수를 차지하는데 좋은 제품의 경우는 한 사람의 전문기술자가 3년 이상을 작업해서 만들어진다. 예전에는 어린 소녀들이 카펫 제작에 많이 투입되었지만, 인권문제로 부각되자 현재는 법적으로 16세 이상만 카펫 제작 일을 할 수 있다.

되는 것도 없고 안 되는 것도 없어?

이란은 이해가 되면서도 안 되는 참 어려운 나라다. 좋은 면이 많은 나라이지만 비즈니스를 하면서 어려운 면도 참 많았던 곳이다. 현지 부임 전에 사전 공부를 하지 못하고 갑자기 가게 되어 버거울 때가 많았다. 이란에서 비즈니스를 하면서 알게 된 말이 있다.

"되는 것도 없고 안 되는 것도 없다."

되는 것도 안 되는 것도 없다니, 대체 왜 이란을 두고 이런 말이 생긴 것일까? 이란에도 절차와 규정, 법이 엄연히 존재할 텐데 말이다. 비즈니스를 하다 보면 그들 역시 절차, 규정, 법을 이야기한다. 하지만 그것이 우리네 기준처럼 자세하거나 확고하지 않은 경우가 많다. 그러다보니 담당하는 사람의 시각에 따라 혹은 해석하기에 따라 그 절차나 결과가 판이할 수밖에 없다. 대륙법이니 영미법이니 하는 서구 법리에 익숙한 우리가 보기에는 이란법의 근간을 이루는 이슬람율법이라는 게 낯설기 그지없는 게 당연하다.

'세세한 법령과 규정이 없는 경우 이슬람율법에 따른다'라고 포괄적으로 규정되어 있다 보니 사람에 따라 다르게 해석되는 것이다. 1980년대에 들어서자마자 이라크와의 전쟁으로 9년여의 시간을 비상시국으로 보냈고 이후 미국과 서방의 여러 제재 속에서 디테일한 규정과 법을 일일이 규정할 겨를이 없었다고 하면 조금 이해가 될까?

"아니 여기는 법도 없습니까?"하고 혹시 물으면 "왜 없습니까. 법과 원칙이 있지만 당신들이 우리들의 율법을 잘 이해하지 못하고 있는 거지요"라고 대답하는 것을 들었다. 이란에서는 말 그대로 우문현답이 많다. 외국인 입장에서 보면 많은 측면에서 불확실하고 불투명해 보이지만 이 또한 이란에서는 이란 식을 따라야 한다.

나도 그곳에서 비즈니스를 하면서 뭔가 절차 하나를 확실히 파악하기 위해서도 이곳저곳을 찾아가 여러 사람들에게 물어야 했고 따지는 것도 반복되었으며 담당자들마다 다른 의견이라 황당하고 헷갈린 게 한두 번이 아니었다. 어쩌면 이란 사람들은 본래 그런 환경에서 살아와 답답해하는 우리와는 달리 이런 것이 불편하다고 느끼지 못할 수도 있다.

한번은 어떤 일에 허가 절차가 필요한 일이 생겼다.

"네. 필요한 서류만 준비해 주십시오."

이후 요청한 서류를 모두 구비해 주고 한참을 기다리다 물어봤다.

"아, 지난번 서류로는 부족하니 추가 서류를 제출해 주셔야 하겠습니다."

"지난번에는 그 서류로 충분하다면서요?"

"아닙니다. 추가 서류를 준비해 주십시오."

이런 경우가 많아서 1차 서류를 준비해준 본사 담당자들이 테헤란 지사장은 뭘 제대로 알아보지도 않고 일처리를 한다는 오해를 하기도 했다. 그렇다 보니 어떤 때에는 같은 일이 아주 순조롭게 진행되기도 하고 어떤 때에는 해결할 길이 없어 한동안 전전긍긍하는 때도 많았다.

"이란이라는 나라는 다 좋은데 이런 게 너무 힘드네!"

세계 어느 나라든 완벽한 나라는 없다. 이란도 마찬가지다. 이란에서 비즈니스맨들 사이에 유행하는 말이 있다.

"인저이란(이곳은 이란입니다)."

누가 강제로 보낸 것이 아니라 내가 사업을 위해 왔으니 이란에서 하는 대로 해야 하는 것이다. 안 되는 것 투성이처럼 보여도 인내심을 가지고 꼼꼼히 잘 찾아보면 또 해결책이 다 있는 곳이 이란이다.

"아니 여기는 법도 없습니까?"

"법대로 합시다."

괜히 법대로 하자고 소리쳤다 시간과 노력을 배로 낭비할 수 있으니 잘 조절해야 하는 곳이 이란이다. 사업에는 눈치가 매우 중요하지 않은가.

'안 되면 법대로 합시다?' 이란에서는 타협과 설득이 법보다 우선이다. 눈치를 잘 보고 타협과 설득으로 차근차근 해결해나가야 하는 곳이 이란이다.

이란에서 안 되는 것만 있는 것이 아니라 되는 것도 많다. 어떻게 되는지를 말하려면 내가 잘 아는 이란의 교민 한 분을 소개해야 하겠다. 그분은 이란에서 사업을 하다 잘 되지 않아 한국으로 귀국을 결정했다. 하지만 사업하던 동안 발생한 세금문제로 일가족 모두 출국비자가 발급되지 않아 오도 가도 못한 신세가 되었다. 수개월을 매일 세무서로 출근하다시피 해 세금부과의 문제점과 납부가 불가능한 본인의 경제사정을 설명해도 소용없었다. 어느 날은 세무서가 대성통곡장이 되어 버렸다. 그의 부인과 어린 딸이 세무서에 왔다가 아빠의 난처한 모습에 그만 울음을 터트린 것이다. 세무서가 소란스러워지자 지나가던 세무서장이 이들의 자초지종을 듣고 현장에서 즉석 지시를 내렸다.

"해결해 줘! 여자분과 애가 울고 있잖아."

다음날 그들은 테헤란공항에서 귀국 비행기를 탈 수 있었다.

이란에서는 법보다는 인간미가 더 앞선 결정을 하기도 한다. 이처럼 되는 것도 많고 인간미 넘치는 매력이 있는 나라를 어찌 사랑하지 않을 수 있겠는가?

과도한 논리는 KO패!

이란에서 사업을 하면서 가장 많이 접한 말은 아마도 '비쌉니다'였던 것 같다.

"비쌉니다."

"아니요. 비쌉니다."

적극적으로 타협안을 들고 타결하려고 애를 써도 그들의 답은 항상 '비싸다'이다. 그들은 무작정 깎으려만 했다. 물론 사는 사람은 누구나 마찬가지일 테지만 말이다. 하지만 이란 상인들의 경우 과하다 싶으리만치 가격에 집착한다.

"비싸군요. 생각과 달리 너무 비쌉니다."

그들은 항상 비싸다고 일단 돌을 던져 보곤 했다. 눈치가 빠르기로 유명한 나도 그들의 박부가내 깎기놀음에는 이기기가 어려웠다. 그들은 우선 벽을 쌓고 상대를 파악하는 전략을 쓴다. 상대의 심리를 파악한 후 때가되면 승부수를 던지는 마지막 전술을 쓰는 것이다. 그 수법에 한국 비즈니스맨들이 끌려가고 그들을 설득하는데 실패하는 경우가 다반사다. 이유가 무엇일까? 한국 사람들은 매사에 느긋하지 못하고 조급하며 특히 자신의 논리로만 문제를 해결하려고 들기 때문이다.

"그 가격에는 절대 안 됩니다."

"지금 환율이 어떤지 아십니까? 계산해 보십시오. 논리적으로 계산이 안 나옵니다."

논리적으로 접근하면 안 되는데 말 속에 아예 논리를 심어 놓고 판을 벌였으니 당연히 안 될 수밖에 없다는 걸 어느 순간 깨달았다. 가격 줄다리기가 이루어지던 어느 날이다.

"해상운임이 현재 얼마인지 아십니까? 두 배로 올랐거든요."

"이 제품의 원자재 비용이…, 인건비도 많이…."

밤이 깊어도 협상이 끝나지 않았다. 밤을 새우고 다음날 다시 마주하고 앉아도 결과는 마찬가지였다. 그들은 값을 올려줄 마음이 없었다. 처음부터 작정한 눈치였다. 큰 규모의 거래라 꼭 성사는 시켜야 하는데 설득할 묘책이 없어 미칠 노릇이었다.

협상이 길어지면 길어질수록, 제시한 가격의 타당성을 논리적으로 설명하면 할수록 상대는 내가 본건을 포기하지 않을 것이라고 확신했다. 성사가격이 더 내려갈 수 있다는 희한한 희망까지 걸게 되고 판은 더욱 늘어져 지치기 시작했다.

이란 사람들의 습성 중엔 '참견 본능'이라는 것도 있다. 아무래도 내내 이야기한 '친절'과는 분명 다르리라. 협상을 옆에서 지켜보던 다른 품목 거래처도 자신의 사업 건이 아님에도 한국의 모 경쟁상사 제품의 가격이 더 싸다며 은근히 상부상조를 해주면서 집단 전술을 펴기도 했다. 이란에 파견되고 난 초창기에는 이럴 경우 결국 싼값에 넘기거나 이도저도 아니게 게임이 끝나 버려 시간만 낭비하곤 했다. 그때 내가 한 말은 한 마디였다.

"참 대단하다!"

이란 사람들의 특징은 그랬다. 본질이 우수한가 아닌가와는 다른 문제다. 철저히 페르시아 상인들의 후손이 가진 상업적 기질이라고밖에 여길 도리가 없다. 하지만 이미 그곳에서 뿌리를 내린 나는 해결방안을 어느 정도 알고 있다. 생각보다 답은 가까이에 있었다. 세무서장이 생각났다.

"해결해 줘! 여자분과 애가 울고 있잖아."

그렇다. 이란의 관공서에서 줄이 아무리 길어도 엄마가 애기를 데리고 있으면 무조건 논리 없이 제일 앞자리를 내어 준다. 이슬람 율법에 따라 여자와 아이들은 항상 보호해주고 우선권을 준다. 그리고 이란 사람들은 본질적으로 인간애가 큰 민족이다. 비즈니스를 하며 보니 그들은 솔직한 자세로 감정에 호소하면 마음이 흔들리는 민족이라는 걸 알게 되었다. 좋게 보면 마음으로 모든 걸 평가하는 것이고 애써 나쁜 쪽으로의 해석은 알아서 해야 할 것이다. 나는 좋은 쪽의 답만 들려주고 싶다. 이란은 내게 사랑스럽고 행복한 나라이기 때문이다.

그래서 그날 나는 드라마 속 현빈을 살짝 흉내 내었다. 아니다, 못 팔아도 좋으니 솔직해지기로 했다.

"미안합니다. 이것이 최선입니다. 제가 본건을 성사시키지 못하고 경쟁사에게 빼앗기면 본사 귀환이 거론될 만큼 제게는 중요한 거래이지만 제가 더 이상 해볼 방법이 없군요."

그렇게 내 감정을 있는 대로 솔직하게 보여주며 거래를 포기하겠다는 뜻을 내비쳤다.

"더 좋은 가격으로 지원해드리고 싶지만 더 이상은 제 능력 밖입니다. 제 능력을 탓해 주십시오. 하지만 가격을 내리지 않고 다른 방법은 정녕 없는 겁니까?"

울고 싶었지만 눈물까지 흘리는 건 오버로 비쳐지니 그 정도가 최선이었다.

과도한 논리적 싸움은 시간도 낭비요, 작전도 실패다. 추가 시간이 주어지는 경기에서도 절대 골을 넣을 수가 없다. 잘해봐야 무승부이다. 이런 경기 대부분 KO패가 될 공산이 많다. 그러니 KO를 OK로 바꾸는 방법을 반드시 숙지하고 경기에 임해야 했다. 지피지기면 백전불태 知彼知己 百戰不殆 라고 하지 않던가. 백전백승하고자 한다면 지피지기하자. 겁낼 것 없이 없었다. 그래서 나는 이란에서의 비즈니스 전략을 이렇게 세웠다.

'과도한 논리는 대부분 KO패를 부른다. 솔직한 포기는 때로 OK를 부른다!'

이렇게 해석하면 좋겠다.

'이란 사람들은 우리에게 돌을 던져 보고 우리는 그들에게 감정을 던져 본다! OK?'

STOP

이란에서 생활하면서 놀란 것 중 하나가 이란 사람들은 우리나라 사람보다 오히려 태권도를 더 좋아한다는 사실이다. 종주국은 한국이지만 태권도 사랑은 자신들이 세계 1위라고 했을 땐 부끄럽기까지 했다. 그들이 우리나라 말로 된 태권도 용어를 소리치며 경기하는 모습을 보다보면 자긍심이 발동했다. 어느 순간 가슴이 벅차오르기도 했다.

언젠가 내게 태권도를 잘 아느냐고 이란 사람이 물었던 기억이 있다. 한국에서 온 사람이라고 하니 무작정 태권도를 잘 알거라고 여긴 모양이었다. 한국에서 왔다고 해서 모두 태권도를 잘 아는 것은 아니라고 답은 했지만 왠지 마음이 편치 않았다. 순간 종주국이면서도 잘 알지 못하던 태권도에 대해서 기본적인 공부를 해두면 어떨까 하는 생각이 들었다. 물론 나부터 말이다.

지하철, 버스 그리고 직진 택시

이란에서 독특함에 놀랐던 건 여성들의 히잡뿐만이 아니다. 이란에 부임하고 수년이 지났을 때, 테헤란 1단계 지하철이 완공되었다. 이란에도 지하철 시대가 열린 것이다. 지하철을 처음 타던 날 나는 놀라운 광경에 입이 떡 벌어졌다. 루싸리를 쓴 여성들이야 이란에 도착하는 순간부터 보고 살았으니 그건 이상할 바가 전혀 없었다. 그런데 지하철역에 들어서는 순간 루싸리를 쓴 여성들은 한 곳으로만 몰려들었다. 무슨 일인가 궁금해 물어보았다.

"왜 여자와 남자들이 따로 서 있는 거죠?"

"여자들이 서 있는 곳은 여자들이 타는 곳이니까요."

"그럼 남자와 여자가 따로 지하철을 탄 단 말인가요?"

"네. 그렇습니다. 이란에서는 남녀가 엄격히 구별되어 지하철을 타야합니다."

수영장이야 옷을 벗는 곳이니 그렇다지만 왜 지하철에서까지 그러는 것인지 언뜻 이해가 되지 않았다. 생각해보면 이란에선 남녀가 엄격히 구별된 곳이 참 많다. 아침에 일어나 버스정류장이나 지하철역으로 향해 가는 모습은 우리네와 다를 바가 하나도 없다. 다만 지하철역 안으로 들어간 다음부터는 우리와 사뭇 달라지는 것이다.

지하철역 모습을 보면서 '이건 남녀 서로가 불편한 일일 텐데!'하고 생각했다. 하지만 무엇이든 습관이 들면 익숙하기 마련인지 한참 이란에서 생활을 하다보면 어느 순간 그런 모습들이 당연하게 여겨졌다. 여자들은 앞 칸으로 오르고 남자들은 뒤 칸에 타도록 구별되어 있는 이란의 지하철. 생각해보면 어느 나라든 혼잡한 지하철에서 빈번히 벌어지는 성추행 같은 범죄는 애초에 생길수가 없으니 제법 장점도 있는 셈이다.

"설마 가족은 아니겠죠?"

함께 동행 했던 이란 사람에게 물었더니 "아뇨. 가족도 마찬가지입니다"하고 답했다. 한숨을 내쉬려다 그만뒀다. 괜히 이란 사람들에 대해 이상히 여긴다고 생각할 것 같았다. 그래서 이렇게 답했다.

"네. 그럼 전 남성 전용 칸으로…."

그 뿐이랴. 버스도 마찬가지이다. 버스는 지하철처럼 여러 칸으로 이루어진 것이 아닌데 설마라고 생각할 수도 있다. 하지만 이란

의 버스는 앞쪽 문으로는 여자가, 뒤쪽 문으로는 남자가 타게 되어
있다. 가족단위일 경우 남녀의 경계지점인 중간쯤에 위치해서 함
께 갈 수 있도록 되어 있다.

지하철이건 버스건 남녀가 나란히 앉아 도란도란 이야기를 나누
며 목적지를 찾아가는 모습은 이란에서는 상상에서만 가능하다.
모르긴 하지만 이란의 젊은 남녀들이라면 한번쯤 그런 상상들을
분명히 해보았으리라.

"그럼 그들은 데이트를 어떻게 하나요?"

"남녀가 손도 잡을 수 없는 건가요?"

그렇다. 이란의 청춘남녀들은 도로에서 마음대로 손을 잡고 걸
을 수가 없다. 물론 실제 부부라면 대중들 앞에서 부부애를 보이는
것은 우리나라와 다를 바가 없다. 하지만 결혼하지 않은 남녀의 다
정스러운 모습은 공공장소에서는 목격하기 힘들다. '그건 아니 되
오'가 이란이라는 나라다.

도대체 불편해서 어떻게 살 수 있냐고 할 것이다. 듣기만 해도 그
런데 실제 그 모습을 본다면 더욱 리얼하게 느껴진다. 하지만 더 생
각해보면 불편한 것은, 그 모습을 불편하다고 여기는 외국인의 시
선이다. 우리도 가끔 외국인들로부터 '불편해서 어떻게 그럴 수가
있는가'하는 질문을 듣게 되지 않던가. 외국인에게는 무엇이든 낮
선 것은 불편해 보일 뿐이다. 전혀 생각하지 않았는데 질문을 듣게

되는 순간 '아, 그랬나'하는 생각이 드는 습관들 말이다. 그러니 어쩌면 그들에게는 남녀가 철저히 구별되는 것이 오히려 더 자연스러울지도 모른다. 아니 그들은 그걸 훨씬 더 자연스러워했다. 어쩌면 그 반대의 모습이 그들에게는 훨씬 더 어색할 것이다. 불편하지 않느냐고 묻는 외국인이 나타나면 우리가 유사한 질문을 받을 때처럼 그들도 '아, 그런가?'하고 생각할지 모르지만 말이다.

세상 어디에도 새로운 짝을 만나고 사랑하는 방법은 있다. 남녀가 손을 잡거나 깊은 사랑을 나누는 방법도 이란이라고 없을 리가 있나. 그들의 독특한 연애법을 궁금해 하는 사람들에게 나는 그런 것은 이란에 가보면 자연히 알 수 있다고 늘 말해주곤 했다.

모순, 그들에겐 모순이 있다. 멀리서 보면 둥글어 보이는 지구가 가까이 다가서면 울퉁불퉁한 것처럼 세상엔 온통 모순투성이다. 그래서 세상은 언제나 재미있고 특별한 곳이다. 이란도 멀리서 보면 둥근데 가까이 다가가면 울퉁불퉁한 구석이 왜 없겠는가? 이란에 가서 발견한 모순을 들려줘야 하겠다.

지하철과 버스이야기를 했다. 그렇다면 택시에 대해서 궁금할 것이다. 설마 한 택시에서도 앞에는 여자가 타고 뒤에는 남자가 타는 걸까? 이란에서 과연 택시는 남녀가 어떻게 탈까?

부임한 지 세 달쯤 지났을 때 타고 가던 회사차의 시동이 꺼져서 할 수 없이 택시를 잡으려고 거리로 나섰다. 차가 많지 않은 거리라서 목적지를 외치며 택시를 잡기 위해 애를 태우고 있는데 이미 여성을 두 사람이나 태운 택시 한 대가 내 앞에 멈췄다. 택시 기사는 내게 얼른 올라타라며 시늉했다. 여성들과 합승을 하라는 의미였다.

'아니 이게 무슨 상황?'

버스와 지하철도 엄격히 승하차와 승차 후 서있는 위치가 구별되는 나라에서 설마 택시에 남녀가 같이 타도 된다는 말인가?

"설마 여성들과 나란히 어깨를 맞대고 합승하라는 것인가요?"

"네. 이건 합승택시니까요."

택시에 오르면서도 믿기지 않는 순간이었다. 혹시 경찰서로 직행하는 건 아닌지 괜한 걱정까지 했으니 말이다. 하지만 택시는 목적지에서 안전하게 나를 내려주었다.

'뭐지? 어떻게 이런 일이 가능하냐고? 그럼 지하철이나 버스에서는 왜 굳이 나눠 타는 거냐고?'

그저 눈 한 번 질끈 감고 이해해주자고 마음먹었다. 그들에게도 연애가 필요하고 그들에게도 이성과 차에 함께 타서 달려보는 일탈도 있어야 하지 않겠는가. 아름답고 인간다운 모순이다!

아, 기왕 교통수단에 대해 펼쳐 놓았으니 이란에만 존재하는 독특한 교통수단에 대해서 한 가지 더 소개해야겠다. 테헤란에 가면 있는 이름하여 '직진 택시 _{이란말로 모스타김 택시}'이다. 직진 택시를 설명하

이란의 직진 택시

면 하나 같이 묻는 질문이 있다.

'그럼 옆으로는 못 가요?'

그때마다 나는 같은 답을 할 수밖에 없다.

"앞으로만 가. 똑바로 직진만 한다니까."

정말 직진만 하는 택시가 있을까? 정답은 '그렇다!'이다. 이란에는 앞으로만 가는 일명 직진 택시가 존재한다. 말 그대로 앞으로만 가는 택시다. 좌회전 우회전은 하지 않고 목적지에 데려다 주는 것도 아니며 그냥 달리는 방향으로 계속 앞으로만 쭉 전진해 가는 합승을 전문으로 하는 택시다. 이란만의 독특하고 재미있는 발상이 아닐 수가 없다. 직진 택시를 타고 목적지를 찾아가려면 우회전이나 좌회전이 필요한 지점에서 내려서 그쪽 방향으로만 운행하는 또 다른 직진 택시를 타면 되고 그곳에서 역시 좌우회전이 필요하면 또 다른 직진 택시를 타는 식으로 목적지를 찾아가면 된다. 승차비가 매우 저렴하고 버스, 지하철 등의 대중교통이 턱없이 부족한 테헤란의 특수성이 낳은 세계 유일의 택시다.

그리고 아직 이란 택시에서는 현금만으로 지불이 가능하고 미터기도 없다. 처음 이란에 갔을 때 이란 택시들은 우리나라를 비롯한 해외에서 중고차를 수입해 택시로 쓰는 경우가 많았다. 한번은 택시를 탔는데 아래쪽에서 바람이 숭숭 불어오는 놀라운 경험을 한 적도 있었다.

'이게 무슨 바람이야? 이란의 택시는 바닥에 선풍기가 달렸나?'

한국말을 못 알아들으니 택시 기사는 그저 피식 웃었다. 아래에서 불어오는 바람에 힐끔 시선을 내려 보니 차에 뚫린 구멍 아래로 도로가 휙휙 지나가고 있었다. 오래된 중고차를 택시로 쓰다 보니 아래에 구멍이 뚫려 도로가 보였던 거다. 처음에는 놀랐지만 몇 분 지나며 보니 신기하고 재미있었다. 물론 그 택시는 나를 목적지에 안전하게 데려다 주었다. 지금은 이란 택시들도 전과 다르게 신형차가 제법 많다. 나는 요즘도 이란 출장 중 급하면 길거리에서 특별한 소리를 지른다.

"모스타김! 모스타김! 직진! 직진!"

직진 택시를 세우려는 외침이다. 이란만의 독특한 문화가 내게
는 친숙하고 아름답기까지 한 것은 내가 반쯤 이란 사람이 되어서
인가?

"몇 개월로 해드릴까요?"

우리나라에서는 결제를 할 때 늘 듣는 말이지만 이란에서는 들
을 수가 없었다. 어디에 가던 현금이나 수표를 준비해 갖고 다닐 수
밖에 없다. 이란에는 카드를 받아주는 업소가 없다. 늘 카드로 결제
를 하던 한국 출장자들은 여간 불편한 게 아닐 것이다. 출장자들이
이란에 출장을 오기 전에 꼭 당부하는 말이 호텔비 등을 현금으로
준비해 오라는 당부였다.

"특급 호텔인데도 카드결제가 안 된다는 말인가요?"

"안 돼요. 안 된다니까." 이란은 5성급의 호텔에서도 현금만 사용
하도록 되어 있다. 미국계 은행들이 장악하고 있는 국제금융시스
템에 접근이 어려운 이란이라 이렇게 신용카드 사용이 어려운 것
인데 혹시 이란을 여행할 계획이라면 유로나 달러를 현금으로 두
둑이 가지고 가야 한다 (현지에서 현지화로의 환전은 은행보다는 환전소에서
하는 것이 훨씬 유리한 환율을 적용받는다).

최근에 유럽계 은행들과의 연계로 이제 이란에서도 신용카드를 사용할 수 있도록 준비 중이라는 기사를 본 적이 있다. 이란에 대한 기사는 오보가 많고 희망 섞인 추측 보도도 많아서 나는 무엇이던 눈앞에서 실현되는 것을 보기 전에는 절대 믿지 않는다. 하지만 머지않아 이란에서도 택시를 타고 신용카드를 내밀면 쉽게 결제되는 날이 왔으면 좋겠다.

걱정하지 않아도 되는 건, 택시 기사들이 대부분 친절하다는 거다. 너무 친절해 계산을 안 해도 된다고 헷갈리게 멘트를 날리는, 과한 친절이 조금 문제이긴 하지만 말이다. 다시 말하지만, 이란이라고 해서 절대 공짜 택시는 없다. 그건 일반 택시이건 직진 택시이건 마찬가지다. 돈을 내고 당당히 타자!

눈으로 하는 대화

　이란에 도착해 누군가를 소개받았을 때였는데, 상대가 나를 말 그대로 뚫어져라 바라보는 것 같아서 시선을 어디에 둬야 할지 난감했다. 이후 그를 소개한 한국 사람을 불러 물었다.

　"왜 저렇게 나와 눈을 똑바로 마주하는 거야?"

　그는 피식 웃으며 답했다.

　"마주치는 눈빛이 무엇을 말하는지 그들은 알아서 그렇습니다."

　순간 무슨 말이냐고 물었다.

　"그냥 이란 사람들의 습관입니다. 남의 시선을 피하며 이야기 하는 것은 예의가 아니라고 생각하거든요."

　이란 사람들은 대부분 시선을 마주하고 대화하는 걸 당연하다고 생각했다. 처음 보더라도 시선을 마주하며 인사를 나누었고 이야 기를 하는 동안에도 대부분 상대방의 시선이 움직일 수 있는 범위

안에 자신의 범위를 같이 두고 있었다.

이란에서 생활하면서 이란 사람들은 겉으로 보이는 것만으로는 알 수 없는 사람들이라고 생각했지만, 어쩌면 눈으로는 이미 모두 말을 하고 있었는지도 모른다고 생각되었다.

이후 내게도 누구를 만나더라도 눈을 맞추고 이야기하는 습관이 생겼다. 처음에는 똑바로 눈을 마주하고 이야기하는 것이 조금은 어색하기도 했지만 무엇이든 습관이 중요했다. 자주 하다 보니 어색함은 어느새 사라져 버렸다.

눈을 마주하고 대화를 나누며 첨가해야 할 양념 소스들이 있다. 그들은 자신들의 문화와 역사에 대한 자긍심이 대단하다. 유대인, 중국인과 함께 세계 3대 장사꾼이라 불리던 페르시아 상인들의 피가 끓고 있다는 사실에 대해 매우 자랑스럽게 생각하는 사람들이다. 그래서 그들의 문화를 인정해주고 그들의 역사를 칭찬하는 것을 매우 좋아했다. 그래서 나는 이란 사람들을 볼 때면 "이란의 역사는 정말 대단합니다. 이란의 문화는 위대합니다"라며 역사와 문화를 애써 칭찬하곤 했었다.

이란 사람들은 역사에 대해 묻는 걸 매우 좋아했다. 그들이 답으로 술술 풀어낸 문화에 대해 긍정하며 칭찬을 건네면 소위 말해 반은 먹고 들어갈 수 있었다. 그만큼 그들은 문화에 대한 엄청난 자긍심을 갖고 있었다.

그래서일까? 이란에는 업적을 남긴 유명한 시인들이 많다. 아마도 꽃을 좋아하고 자연을 좋아하는 사람들답게 시로 세상을 노래한 사람들이 많았던 이유일 것이다. 우리나라에도 문인이 많았던 것처럼 이란에도 아주 많은 문인들이 세상을 수놓았던 적이 있었다. 그들의 문화에서 빼놓을 수 없는 큰 가치로 여기는 분야다.

언젠가 테헤란 시내 중심가에서 놀란 적이 있었다.

"서점이 이렇게 많을 줄은 정말 몰랐습니다."

"웬걸요. 동네 골목에도 곳곳에 서점이 많이 있습니다."

테헤란에는 생각보다 많은 서점이 자리해 있다. 책을 읽는 사람들이 많다는 의미다. 문화와 역사에 대한 정이 깊은 나라이니만큼 그들은 책을 사고 보는 일에 대해서 인색하지 않았다. 그래서인지 대학을 가도 군데군데 삼삼오오로 책을 보는 젊은이들이 제법 있고 거리에서도 도심 공원에서도 심심치 않게 독서광들을 만날 수 있었다. 여성들도 책을 가까이 하기는 마찬가지였다. 서점에 가면 루싸리를 쓴 여성들이 책을 고르는 모습을 자주 접할 수 있었다. 다행이라면 지하철이나 버스처럼 서점에서는 남녀가 구별되어 책을 고르지 않아도 되었다. 세계문학사에 빠지지 않고 등장하는 '하피즈', '피르다우시'라는 시인들이 하늘에서 뚝 떨어진 것이 아니었다. 이란에서는 이슬람 코란 소리와 함께 페르시아 문화가 공존하여 그들은 이렇게 인생과 사랑을 시로 노래하는 사람들이다.

이란 사람을
소개합니다

한국 사람이 좋아!

테헤란 북쪽에 가면 오래전에 지어진 고층아파트가 몇 동 보인다. 경사진 비탈의 위치를 살린 특이한 모양인데 1970년대에 지어졌다니 믿기 어려울 정도다. 알고 보니 예전 우리나라의 건설사에서 순수 한국의 노동력만으로 건설한 아파트란다. 지금이야 한국 건설업체들이 이러한 외국공사에 주요기술자들만 한국인을 파견하고 현장근로자들은 파키스탄 등 제3국의 인부들을 고용하지만 1970년대 당시에는 현장에서 잡일을 하는 근로자들도 전부 우리나라 사람들이었다.

현장에 가보니 그들의 고생이 눈에 보이는 듯했다. 이제는 빌딩이나 아파트를 지을 때 타워크레인 등으로 건자재를 들어 올려 운반하니 사람들이 고생하는 영역이 줄어들었지만 1970년대에는 죄다 사람의 손을 빌려야만 가능했다. 시멘트와 모래를 섞어 현장에서 콘크리트를 제조하고 무거운 콘크리트를 '질통'이라고 불리는 나무 박스에 담아 등에 지고 임시 가설 계단을 하나씩 십여 층을 올라 내려놓고 다시 내려오기를 반복했을 테니 얼마나 고달팠을까. 하지만 그들도 고향인 우리나라에 있는 가족들의 모습을 떠올리며 그 힘듦을 견뎌냈으리라. 한 층이 높아지고 다시 한 층이 높아질 때마다 고생의 무게도 늘어났겠지만 사랑하는 가족들을 그때마다 기억으로 더듬어 내며 그 힘듦을 견뎌 냈으리라. 이란 사람들은 그때부터 한국인들의 성실성에 대해서 특별한 이미지를 갖기 시작했다고 한다. 시작하면 끝날 때까지 쉽게 멈추는 법이 없는 사람들, 누가 보든 보지 않든 맡은 일에 성의를 다하는 사람들, 그게 그들이 구현한 한국 사람의 이미지다.

한국에 테헤란로가 있다는 사실을 모르는 사람은 아마 없을 것이다. 그 테헤란로의 테헤란이 이란의 수도 테헤란이라는 것을 모르는 사람들은 있을지라도 말이다. 그만큼 테헤란로는 우리 귀에 매우 익숙하다. 규모와 위치가 서울의 테헤란로와 비교가 안 될 정도로 미약하긴 하지만 테헤란에도 서울로가 있다. 이렇게 도로의 이름을 교환할 당시 이란의 통치자는 석유파동의 효과 등으로 어마어마한 돈을 벌어들였다. 당연히 선진강국의 타이틀을 원했던 그는 각종 사업을 벌이기 시작했고 그중 하나가 바로 건설사업이었다. 당시 우리나라는 그 석유파동 등을 극복하기 위해서 중동에

노동력을 파견해 건설 공사를 따내어 그 노임이라도 외화로 벌어들여야 하는 힘든 시기였다. 이때 우리 경쟁력의 원천은 선진 건설 기술이라기보다는 우리 근로자들의 성실성이었다. 이때 이란에도 우리나라의 건설 인부들이 2만 명 정도 나가서 일하고 있었다고 한다. 그들 근로자들이 지금의 이란 사람들에게 한국인들의 성실성 이미지의 시작점이다.

이란에 가서 보면 나이 지긋한 한국 여인들이 현지인들과 결혼해서 사는 경우를 종종 보게 되는데 이 역시 이유가 있다. 1970년대 당시 가무단 출신으로 이란에서 가무 공연 등을 하게 되면서 그곳에서 이란 사람과 결혼해 정착하게 된 것이다. 지금은 우리 경제가 눈부신 발전을 했고 문화에서도 강대국 소리를 들을 만큼 대단한 위상을 가지게 되었지만 당시 우리나라의 근로자들에게는 이란은 돈 많은 희망의 나라였다. 이란드림을 꿈꾸는 남자 인부, 트럭 운전사들과 여자 간호사, 가무단원들이 그렇게 이란으로 갔던 것이다.

언젠가 그 아파트단지에 일부러 가본 적이 있다. 도착해 아파트를 물끄러미 바라보았다. 희한하기도 하지, 내가 지은 것도 아닌데 우리나라 인부들이 직접 지었다니 뭔가 정감이 느껴졌다. 코끝이 찡해지기도 했다. 이라크와 이란이 전쟁을 벌이던 1980년대에도 한국 근로자들은 남부 페르시아만의 유전관련 공사에서 위험을 무릅쓰고 공사를 하다 이라크의 공습으로 10여 명의 인명피해가 생겼지만 그 이후 철수하지 않고 공사 기간을 맞췄다는 대목에서는 이란인들도 감사와 감탄을 금치 못했다. 그때 이란 사람들은 한국의 이미지를 다시 한 번 더 깊게 새기게 된 것이리라. 다시 그 아파트를 밑에서 바라보았더니 가슴 한 곳이 콕콕 찌르는 것처럼 아파왔다.

언덕에 나란히 지어진 아파트는 세월의 무게를 견디지 못하고 낡은 티를 냈다. 하지만 큰 흠 없이 지어진 아파트는 세월의 흔적만 보일뿐 견고히 지어져 튼튼했다.

뚝딱거리는 소리가 들려왔다. 그러다 잠시 서로를 격려하는 목소리도 들려왔다. 오래전 그곳에서 일하던 인부들의 목소리가 귓가에 들려오고 있었다. 타국에 나가면 우리나라 사람이 지나간 자리라고만 해도 뭔지 모르게 따뜻함이 느껴진다. 이란에 지어진 아파트가 내게 그랬다.

1970년대와 1980년대에는 지금처럼 외국 여행이 흔하지 않아 가족 중 누구라도 외국에 다녀오면 온 일가친척들이 김포공항으로 마중을 나가곤 했다. 당시 공항으로 돌아와 가족을 기쁘게 맞이하던 우리나라 근로자들의 웃음 뒤에는 피눈물 나는 아픔과 고달픔이 숨어 있었으리라. 전쟁 중 하루에도 여러 차례 울리는 공습 사이렌의 공포를 이기고 공사를 진행했으면서도 위기의 순간들을 참아냈노라고 차마 말을 꺼내진 못했으리라. 가족이 슬퍼할까 가족들이 미안해할까 그랬으리라. 그 대가일까? 이란 사람들은 우리나라 사람들에 대해 매우 긍정적이다.

"한국 사람들은 참으로 대단합니다."

"한국 사람들을 우리는 인정합니다."

이란 사람들이 기억하는 한국 사람들에 대한 인상은 그때부터 만들어지고 각인되었을 것이라고 감히 짐작한다.

"한국 사람들은 쉬지 않아요. 한국 사람들의 부지런함에 매우 놀랐습니다."

이란 사람들은 1970년대 테헤란에 아파트가 들어서던 때, 한국 근로자들의 부지런함을 보면서 성실과 근면이라는 이미지를 대입시키고 굳혀 버린 것이다. 한번 굳어진 이미지는 좀체 잘 안 바뀌니 말이다.

'항상 부지런한 사람들, 항상 먼저 깨어 아침을 맞이하는 사람들, 언제나 긍정적인 사람들, 힘들어도 티를 내지 않는 사람들.'

내가 아는 이란 친구들은 이제 경제제재가 해제되어 만약 한국의 건설사들이 테헤란에서 아파트라도 짓게 되면 현지 건설사가 지은 아파트보다 30퍼센트 정도 가격이 비싸도 무조건 구입할 것이라고 너스레를 떨기도 했다. 꾀를 부리지 않고 일하는 한국의 근로자들을 보며 그들은 우리나라 사람들의 근면성을 높이 샀던 것이다.

오랫동안 물류관련 사업들을 해온 분들과 자리를 함께 한 적이 있었다. 내가 한국 사람인 것을 알고 그들은 단번에 한국에 대해 평했다.

　"한국 사람들은 3분의 2밖에 안 걸립니다."

　3분의 2라니, 무슨 의미인지, 무슨 말인지 궁금했다. 혹시 세 가지를 충실히 해내야 하는데 겨우 두 가지 일만 해놓고 다 했노라고 두 손 두 발 다 놓고는 그저 놀아 버린다는 말인가 싶어 은근슬쩍 걱정이 되었다.

　"한국 사람들이 3분의 2밖에 안 걸리다니요?"

　"다른 사람들이 3일 걸릴 일을 쉬지 않고 하기 때문에 이틀이면 다 해놓습니다. 한국 사람들 참 대단합니다."

　이란 남부의 최대 항구인 '반다르아바스'에서 수도 테헤란까지 기나긴 육로로 컨테이너 트럭들이 많은 짐을 운반하는데 한국인 트럭 기사들을 고용하면 밤낮을 가리지 않고 운전해 다른 나라사람에 비해 일을 마치는데 걸리는 시간이 3분의 2밖에 안 된다는 것이었다. '김~, 이~, 박~.' 그들은 그렇게 열심히 일하던 기사들의 이름까지 아직 기억하고 있었다.

　지금도 서울의 밤을 보면 밤새 불이 켜져 있는 곳이 많다. 밤이 낮보다 더 밝은 우리나라의 서울을 보는 외국인들은 쉬지 않고 일하는 우리나라 사람들의 기질에 놀란다고 하니, 당시 이란 사람들이 보기에도 별반 다르지 않았을 터다.

"한국 사람들은 참 부지런합니다. 그래서 우리는 한국 사람들을 좋아합니다."

우리도 특정 국가들에 대한 이미지가 좋지 않으면 그 나라에서 왔다는 말만 듣고도 그 이미지와 맞물려 그를 좋지 않게 생각하지 않는가. 모두가 그럴 수 없음인데도 무작정 그렇다고 단정하게 되는 경우가 많으니 국가적 이미지는 생각보다 매우 중요한 잣대라 할 수 있겠다.

이란에서 한국 사람이라는 것이 덕이 되었던 건 그곳에서 일했던 많은 한국인 선배들 덕이었다. 물론 쉽게 자신의 내면을 보이지 않는 이란 사람들을 내 고객으로, 친구로 만드는 데에는 상당한 시간이 걸렸다. 한국 사람에 대해 이리 긍정적인데 왜 그들을 내 사람으로 만드는데 그렇게 오랜 시간이 걸릴 이유가 있느냐고 물을 것이다. 우리나라 사람들에 대한 이미지는 좋지만 나는 장사꾼이 아니던가. 그들에게 물건을 팔아야 할 사람이었던 것이다. 쉽게 말해 그들의 지갑을 열 수 있어야만 성공하는 것이다. 생각해 보자. 물건을 파는 사람이 성실하다고 해서 상대방이 무작정 지갑을 여는가. 비즈니스를 하는 것은 또 다른 문제였다. 하지만 기본점수 50점을 받게해 준 건설 근로자, 트럭 운전사 등 선배들에게 감사의 말씀을 전한다.

STOP

이란은 중동에서 유일하게 제조업 기반을 갖춘 나라다. 경제제재 이전에는 한때 1년에 170만 대의 차량을 생산해서 사용하고 수출까지 했다. 제조업의 꽃인 자동차까지 이런 규모이니 다른 제조업들도 대단한 규모를 갖추고 있다. 하지만 제품의 품질이나 마무리가 선진 최고급 제품에 비해 아직은 떨어지는 것도 사실이다. 따라서 한국의 우수한 제조 기술력과 이란의 전략적 위치 및 고학력의 노동력을 연결하면 주변 중동, CIS 국가들까지 판로를 넓힐 수 있다. 그 잠재력과 성장성이 아주 밝다고 생각된다.

그들의 냉정한 계산법

"한국의 유력업체와 거래를 하게 되어 정말 기분이 좋습니다."

"저 역시 장래가 기대되는 젊은 사업가와 이렇게 손을 잡게 되어 매우 흡족합니다."

형제를 처음 만난 것은 이란으로 간 지 얼마 되지 않았던 때다. 새로운 파트너를 만나게 된다는 건, 그것도 타국에서라면 매우 행복한 일이다. 테헤란에서 주재원으로 활동한 지 얼마 되지 않았을 때니 그곳에서 사업하는 사람들의 성향을 완벽하게 파악하지 못하던 때다. 좋은 거래처를 만나게 되었고 서로 좋은 인연을 이어가기 시작했다. 그는 한국의 질 좋은 제품을 이란으로 가져 올 수 있어 만족한다고 늘 말했다.

처음 거래가 시작된 건 형제 중 형이었다. 형은 철강재를 수입해서 건자재를 만드는 사업을 하고 있었다. 이란에서 상당한 규모를 자랑하는 제조업체였다. 그에게 한국 유력 철강사의 철판을 판매할 수 있었다. 그는 늘 밝은 얼굴로 대했고 한번은 자신의 동생도 사업을 하고 있다는 말을 했었다. 그러던 차 다음 제품 선적에 대해 얘기를 나누는 중 그가 말했다.

"동생이 플라스틱 원료를 수입해서 산업용 부품을 만드는데 소개해 드릴까요?"

그와 인연이 되어 비즈니스도 성사되고 마침 동생까지 소개를 한다니 더 큰 성과를 올릴 수 있다는 기대감이 생기기 시작했다. 그렇게 그의 동생을 소개받기에 이르렀다. 본디 상사맨이라 명명된 우리들의 미션은 '무엇이든 판다!'이다. 철강제품을 사던 형이 플라스틱을 사는 동생을 소개했으니 이제는 플라스틱제품을 판매하면 되는 거였다. 형이 평소 거래를 하면서 내가 마음에 들었으니 그런 것이라고 여겼다. 동생도 형 못지않게 인간성이 좋아 보이는 사람이었다. 그렇게 동생과도 인연이 되고 첫 번째 주문제품의 선적이 이루어졌다. 형제와 모두 인연이 된 것이다.

제품이 반다르아바스 항구에 도착하고 두 달쯤 지난 즈음 형이 사무실로 나를 찾아 왔다. 반가운 마음에 냉큼 달려가 그를 반겼다. 그런데 그의 얼굴은 생각만큼 밝지 않았다. 무슨 일이 생긴 것인가 걱정이 되었다. 그런데 그가 하는 말은 전혀 예상 밖이었다.

"내 동생을 소개 받았지 않았습니까?"

"그렇습니다. 그래서 얼마 전에 오더가 되어 선적된 제품이 이미 도착까지 했는걸요. 두 형제분과 이렇게 모두 거래를 하게 되다니 기쁜 일입니다."

그러자 그는 대뜸 자신에게 계산해줘야 할 것이 있다고 말했다. 계산이라니, 순간 무슨 뜻인지 해석되지 않았다.

"무슨 말이지요?"

"동생과 거래를 텄으니 내게 커미션을 줘야 하지 않습니까."

말 그대로 수수료를 자신에게 줘야 한다는 의미였다. 순간 잘못 들었나 싶은 생각이었다. 왜 이리 이란에서는 잘못 들었나 싶은 것들이 많은지, 다시 한 번 물었다.

"커미션을 달라는 말입니까? 그 분은 동생이 아닙니까?"

"맞아요. 내 동생인 것과 이게 무슨 상관이 있습니까?"

그는 동생이든 아니든 관계없이 자신이 소개해서 이루어진 일인 만큼 반드시 커미션을 줘야 한다고 말했다.

"아니 동생을 기분 좋게 소개해주신 건 저와 거래가 좋았고 서로 좋은 인연을 연결해 주시기 위해서 하신 일이 아닙니까? 이렇게 커미션을 달라고 할 거였으면 처음부터 말씀을 하셨어야죠."

그러나 그의 주장은 수그러들지 않았다. 날 인정해서 동생까지 소개해준 그가 내내 고마운 마음이었는데 그 대가를 그저 인사도 아니고 정확한 수수료로 챙겨 달라고 말을 하다니, 다소 실망스럽기까지 했다. 우리나라 같았으면 누군가 소개한 일이 성과를 올리더라도 그 성과를 거둔 사람이 적당히 알아서 인사를 건네면 좋고 아니더라도 엎드려 절 받듯이 먼저 수수료를 이야기하지 않으니 언뜻 이해가 되지 않는 부분이었다. 하지만 그의 말을 더 듣고 난 다음엔 수긍하지 않을 수가 없었다.

"한국에서는 그러지 않나 보군요."

"사람을 소개한다고 해서 커미션을 무조건 줘야 한다는 건 한국에서는 존재하지 않는 일입니다. 처음부터 조건을 달고 소개했으면 몰라도 말입니다."

"이곳은 이란입니다. 테헤란이란 말입니다."

"그럼 이란은 모든 일에 커미션이 있다는 말씀이십니까? 이 일이 아니더라도 말인가요?"

"그렇습니다. 이란에서는 형제이건 이웃이건 소개한 어떤 일에 대해서는 반드시 커미션을 주는 것이 관례입니다. 저는 정당한 걸 달라고 하는 것뿐입니다."

그때서야 알았다. 이란에서는 형제 간뿐만 아니라 부모자식 간이라 할지라도 뭔가 소개를 하고 그 일이 성사가 될 경우에는 당연히 수수료를 지불한다는 것을. 대가 없는 소개도 없고 소개가 있다면 반드시 그에 대한 수수료가 지불되어야 한다는 것을 말이다.

"몰랐습니다. 그러나 이제는 알았습니다. 그리 하겠습니다."

그를 보내고 잠시 기분이 묘했다. 뭔가 한 대 얻어맞은 기분이었다. 꺼낸 것도 없는데 호주머니가 텅 비어버린 것 같은 허한 마음이 덩그러니 출렁거렸다. 우리나라였다면 술이라도 거하게 사면서 적당히 예의를 지키면 그만이었을 일이었다. 그도 상대가 애써 괜찮다고 거절할 때는 차라리 고맙다는 인사만으로도 충분한 일이었다. 더군다나 동생도 나로 인해 좋은 제품을 수입할 수 있었는데 말이다. 짧게 생각해 보면 좋은 제품을 경쟁력 있는 가격에 공급해주는 사람에게 오히려 인사를 건네야 맞지 않는가 하는 생각까지도 들었다. 뭔지 모르게 괜히 억울했다. 그곳에 도착해 그간 파악한 일반적인 이란 사람들은, 상대에 대한 배려가 깊고 외국인들에게 아량을 가진 사람들이라고 여겼는데 어떻게 이렇게 세세한 부분까지 계산을 하는 것인지 순간 다시 헷갈리기 시작했다. 하지만 거기서 답을 내리는 것은 점잖지 못한 행동이었다. 그래서 잠시 침묵하며 상황을 정리해보기로 했다. 그 다음 답을 얻더라도 늦을 리 없었다.

'이란, 이란 사람, 이란 장사꾼⋯.' 이란 장사꾼에서 잠시 멈춰 섰다. 더 이상의 저울질은 무모한 계산이었다.

잠시 잊고 있었던 것이다. 그들은 큰 장사꾼으로 살아온 지가 무려 2,000년이었다. 100년이라는 기간을 스무 번이나 보내는 동안 그들의 뼛속 깊은 곳까지 상인의 기질이 침투한 것이다. 말 그대로 그 어떤 경우의 수에도 절대 공짜는 없는 게 그들의 당연한 논리이고 진리다. 그의 계산법은 결코 잘못된 것이 아니었다. 당연한 걸 주장했을 뿐이었다. 더 큰 시장을 개척하려면 그곳에서 장사를 하는 사람들의 습성부터 파악해야 옳았다.

그는 내게 큰 것을 가르쳐 줬다. 이란에 처음 왔을 때 놀랐던 택시 기사와 옷가게 종업원의 모습을 떠올려 보았다. 공짜란 없다고 내 입으로 말하지 않았던가. 오래도록 장사꾼의 피를 이어 살아온 이란 사람들에게 거래는 피만큼 아니 어쩌면 피보다 더 진한 존재일 수 있다. 그걸 부인하면 이란에서는 살아남기 어렵다는 사실을 깨달았다. 원을 하나 그리고 그 안에 이란 장사꾼이라고 쓰고 밖에 다시 원을 그렸다. 그리고 이렇게 썼다.

'한국에서 온 신참내기 장사꾼, 서서히 그들의 계산법을 배우기 시작했다.'

돌을 던져 보다

처음 부임 시에는 주로 타이어 원료들을 판매했다. 새로운 타이어제조업체들과 거래를 트기 시작했고 단기간에 성과가 나타나 고무되기도 했지만 처음부터 수월했던 것은 아니었다. 문제는 주로 가격에 대한 협상 때문이었다.

"얼마 정도에 구매를 원하십니까?"

물건을 구매하려는 사람들의 구매 예산 및 예상 구입가격을 알면 그에 맞는 상품을 내놓기가 수월하기에 때문이다. 그런데 싱가포르나 다른 나라 사람들과 달리 이란 사람들은 자신들의 상황을 좀체 상대에게 표현하지 않는다. 그들에게 어느 정도의 가격에 구매를 원하느냐고 물으면 절대 답을 하지 않았다. 구매는 원하면서 정확하게 얼마만큼의 양을 어느 가격대에 구입하고 싶은지에 대한 의사는 절대로 먼저 밝히지 않는다. 특히 가격에 대해서는 절대적으로 속내를 보이지 않았다.

"얼마에 파실 겁니까?"

그들은 우선 가격에 대한 내 속뜻을 알아내는데 전력을 기울였다. 마트에서 파는 물건처럼 가격표가 붙은 것이 아니니 협상에 의해 달라진다는 것을 그들도 아주 잘 알고 있기 때문이었다. 그러니 파는 사람과 사는 사람이 묘한 줄다리기를 시작하게 되는 것이다. 물론 파는 사람이 먼저 가격을 제시해야 사는 사람이 흥정을 취할 것이 아니냐고 단순히 생각할 수도 있을지 모르겠다. 하지만 큰 금액 단위로 이루어지는 무역거래의 경우는 일반 슈퍼에서 물건을 팔고 사는 것과 비교하면 곤란하다. 말 그대로 눈치작전과 협상이 중요하다. 서로 밀고 당기기가 조율되는 순간 가격이 결정되는 것이다.

"이 제품을 톤당 1,000달러에 주실 수 있나요? 구매 예정 수량은 1,000톤입니다."

싱가포르에서 주재 시 판매 협의를 할 때에는 이 가격대에 이만큼의 물건을 구입하기를 원한다며 먼저 다가오는 경우도 다반사였다. 희망가격은 자신들이 여러 루트로 경쟁사들의 공급 가격을 확인해 본 후에 미리 제시를 하기도 했다. 우리나라의 경우도 외국에서 대단위의 상품을 구매할 경우 마찬가지다. 하지만 이란에서는 제품판매 협상을 할 때 경험상 그들이 먼저 구매 희망가격을 제시

한 적이 거의 없었다.

'얼마에 파실 겁니까?', '얼마에 이 물건을 건넬 수 있습니까?'하는 것이 그들의 구매법칙이다. "얼마면 구매하시겠습니까?", "어느 가격대를 원하십니까?"하고 물어보면 그들은 답을 하지 않고 다시 "얼마에 파실 겁니까?"하고 무작정 같은 물음을 건넨다. 이처럼 그들은 절대 속내를 쉽게 먼저 드러내지 않는다. 일단 판매하려는 사람의 눈치를 살핀다. 그러니 제품을 판매하려는 목적을 가진 사람의 고민이 커지지 않을 수가 없다. 괜히 높게 불렀다가 바이어를 쫓아내는 결과를 초래하는 게 아닐지 또 반대로 지레 너무 낮은 가격을 불러 더 받을 수 있는 제품을 괜히 싸게 넘겨서 후회하게 되는 게 아닌가 하면서 노심초사 고민하게 만드는 것이다. 한 수 더 떠서 어제는 한국계 경쟁상사 주재원 누구와 식사를 했다는 등 일본계 상사 누구와 그저께 통화를 했다는 등 변죽을 울리며 압박을 가해 오는 것도 잊지 않는다. 이 경우 대부분 주재원들은 일단 판매가 가능할 수준의 가격대로 낮춰 부를 수밖에 없는 것이다. 그들은 누구라도 그럴 수밖에 없는 상황으로 절묘하게 유도를 하고 판매자는 그 유도의 유혹에 넘어가 버리는 것이다. 그러니 톤당 800달러는 받을 수 있는데도 불구하고 결국 그들의 희한한 유혹에 넘어가 가격을 스스로 낮춰 부르게 되어 버리는 것이다. 이른바 '페르시안 협상의 마술'에 걸려든 것이다.

"예, 오늘 결정해 주시면 톤당 700달러에 드릴게요. 단 경쟁상사에게 이 가격에 주었다는 말씀은 하지 말아주세요."

서구의 상인들은 이럴 경우 대부분 자신이 생각한 가격보다 낮은 가격을 고마워하면서 OK 사인을 주는 경우가 대부분인데 이란의 사업가들은 그 가격이 현저히 싸게 부른 가격대임을 알면서도 다시 돌을 던져 본다.

맞으면 좋고 안 맞으면 그만인 것이다.

"600달러면 당장 계약을 하겠지만⋯."

자신의 속셈보다 훨씬 더 저렴한 가격인데도 불구하고 '이게 웬떡?'의 표정은 절대로 보이지 않는다. 그들의 표정만 보자면 세상에 싼 상품은 단 하나도 없어 보일 지경이다. 적당 가격이 800달러인데도 마술에 휘말려 700달러로 불렀음에도 불구하고 일단 어찌 되었든 간에 다시 얼토당토않은 가격이라는 것을 알면서도 일단 제시해 보는 것이다. 800달러의 가격으로 최초 제시하면 700달러 언저리에서 결정될 수도 있겠지만 이미 속을 들켜 700달러로 제시했으니 아무리 잘 받아도 690달러 정도 아니겠는가? 아차, 하는 생각이 들지만 이미 늦은 후회다. 그런 후회를 늘 하면서도 또 그들의 수에 넘어가고 다시 넘어가기를 반복한다. 최면술도 그런 최면술이 없다.

"700달러 밑으로는 절대 불가합니다"하고 단호하게 말해도 그들은 한참 망설이고 한참 고민하는 표정을 보인다. 그 모습이 계속 진행되면서 다시 그들은 우리 경쟁사와의 좋은 관계를 은근히 간접적으로 자랑하면서 기술을 부린다. 가격 협상에 대해서 만큼은 기술을 넘어서 마술적 경지라 하겠다. 그들의 이러한 전략을 주로 이렇게 표현한다.

'돌을 던져 본다.'

휙 돌을 던져 새가 맞아 떨어지면 횡재이고 안 맞아도 크게 손해날 일은 없다는 것이다. 그리고 상대가 돌을 어떻게 피하는지 혹은 피하지 않는지 등을 일단 살펴볼 기회를 갖고 의중의 단면을 본다는 것이다. 첫 번째 돌이 잘 맞지 않으면 두 번째 돌도 또 던져 본다는 것이다. 의도대로 잘 되지 않으면 다음 돌을 계속 던져 보는 식이다. 상대가 돌을 피하고 외면하면 내가 언제 돌을 던졌는데? 하는 표정으로 모른 체하면 되는 것이다. 절대로 자신들이 생각하는 바를 먼저 꺼내놓지 않는다는 것이다. 절묘하게도 상대가 반드시 먼저 멍석을 깔도록 유도하고 상다리도 먼저 펴도록 만든다는 것이다. 그리고 한가득 상이 차려질 때까지 기다리는 것이다.

이것이 나쁜가? 잘못된 것인가? 그렇지 않다. 세상의 모든 제품은 구매하고자 하는 사람을 위해 만들어 지는 것이다. 사려는 사람은 당연히 낮은 금액을 부르는 것이고 판매하려는 사람은 당연히 높은 금액을 어떻게 해서라도 받아내려고 한다. 그것은 물건의 크기와는 관계가 없다. 상품을 파는 사람과 구매하는 사람의 당연한 물리적 관계성일 뿐이다. 물건을 사려하는 사람이 자신의 재주로 싸게 물건을 구입했다면 그것 역시 놀라운 재주가 아닐 수 없다. 이란의 사업가들은 그런 재주가 보다 능숙한 것이다.

달나라 농사꾼이라는 별명으로 스스로 뛰어난 적응력을 가졌다고 자부하는 나는 이러한 '돌 던져 본다'는 수법을 부임 초기부터 생활 속에 적극 활용했다.

'게루네. 아루주네.' 무슨 뜻이냐고? '게루네'는 비싸다는 말이고 '아루주네'는 싸다는 말이다.

이란에 가서 일상생활을 위해서 가장 먼저 배운 말은 '게루네'라는 말이었다. 경험상 이란에서는 무슨 물건을 사러가서 가게주인이 가격을 제시하면 일단 '게루네'라고 답하면 된다. 누가 가격표를 내밀며 상품을 보여주면 일단 비싸다는 의미로 '게루네'하고 고개를 젓는다. 이미 가격대가 잘 알려진 일상관련 제품에 대해서도 일단 '게루네'라 하고 시작하는 걸 보면 나는 대단한 응용력의 소유자인 것이 확실하다.

이란에서 '돌 던져 본다'라는 수법을 배운 후, 이란시장에서 나 역시 가장 많이 히게 된 밀이 '게루네'였다. 그 반대말인 값이 싸다는 의미의 '아루주네'는 수년이 지난 후에 알게 되었다. 왜냐하면 싸다는 말을 할 경우가 좀체 생기지 않았기 때문이었다. 뿐이랴. '케일리'라는 말은 '매우'라는 의미다. 그런데 이란에서 1년쯤 생활한 다음부터는 걸핏하면 "케일리 게루네"하고 답하는 나를 발견했다. 합하면 매우 비싸다는 의미다. 이상하게도 그 억양이 우리나라사람들이 하기에 매우 재미있다. 그래서인지 상품에 딸린 가격표만 보면 무조건 '케일리 게루네'하고 입버릇처럼 말하게 된 것이다. 살다 보면 다 닮아 가게 되어 있으니, 어느 순간 나도 상대를 향해 일단 돌을 매일 매일 던져 보고 있는 게 아닌가.

그들만의 테스트

"물건에 하자가 있습니다."

"예? 물건에 하자가 있다고요? 그럴 리가 없습니다. 그 제품은 완벽하다고 평가를 받을 만큼 우수한 제품입니다. 절대 그럴 리가 없습니다. 아니 그럴 수가 없습니다."

"문제가 없는데 전화를 걸었을 리가 있나요. 금번에 선적되어 도착한 카고는 분명 문제가 있습니다."

부임 후 얼마 되지 않았을 때 타이어원료를 판매한 신규 거래처에서 제품이 거래처 창고에 도착한 지 얼마 지나지 않아 받게 된 전화였다. 사전 샘플 테스트 결과도 만족스러워했고 가격도 협상의 달인들답게 자신들에게 충분히 만족되는 선에서 구매를 해 놓고는 제품에 문제가 있다는 것이었다. 의아했고 괜한 트집을 잡는 것 같아서 화를 내고 싶었지만 속으로 꾹꾹 누르고 친절하게 답했다. 나는 물건을 팔아야 하는 장사꾼이었다. 구매자는 언제라도 물건에 대해 이야기할 수 있고 그럴 권리도 갖고 있다. 그럴 때면 전화의 특성상 상대가 내 얼굴을 볼 수도 없었지만 애써 웃음을 지으며 소리를 낮췄다.

"제가 공장으로 가서 확인하겠습니다."

제품에 문제가 있다면 그것은 당연히 판매한 측에서 보상 내지는 그에 준하는 대가를 치러야 하는 것이다. 아니면 문제가 없는 새로운 제품으로 바꿔주어야 하니 수월한 일은 아니었다. 문제가 있다고 연락이 오면 경중을 떠나 냉큼 달려가 구매자 측의 불만을 듣고 제품을 우선 살펴보곤 했다. 하지만 그럴 때마다 인내를 해야 했던 이유는 거의 대부분 생각보다 문제가 크지 않거나 문제가 있다고 여기기에는 너무도 미비한 수준이었다는 사실이었다. 그래도 문제가 있다니 제품을 생산한 한국의 제조사와 연락해 완벽하게 납득이 되도록 조치를 취하곤 했다. 그러면 마무리가 될 줄 알았지만, 몇 군데 업체들은 이후 다시 문제가 있다며 나를 부르곤 했는데 한 단계에서 문제를 제시해 해결하고 나면 이후 다른 단계의 문제를 꺼내는 식이이었다. 산을 하나 넘으면 또 하나의 산이 존재하는 것이었다. 때로는 별것도 아닌데 괜히 문제를 삼는 그들이야말로 문제가 아닌가 하는 생각이 들 지경이었다.

'대체 이 사람들이 왜 이러는 것일까?'

'무엇 때문에 이렇게 상식 밖의 일로 제품에 대해 문제를 일삼는 것일까?'

서너 군데 업체가 특히 그러했는데 아마 그렇게 반복된 기간이 거의 1년에 가까웠다. 다시 반년이 흐르고 이제 이란이라는 나라가 몸에 익숙해지던 때쯤이었다. 그들 중 한 업체가 또 하자가 있다며 나를 불렀다. 역시 어느 때와 마찬가지로 두 시간을 차로 달려 그들에게 냉큼 달려갔다. 하지만 이번에는 그들이 종전과는 다르게 웃는 얼굴로 나를 맞이했다. 무슨 일인지 궁금해 하자 대뜸 이렇게 말을 건넸다.

"우리는 당신을 믿습니다."

대체 무슨 말인가 싶었다. 선적이 한 번 이루어지고 나면 두세 번씩 문제를 제기하던 사람이 어느 순간 갑작스럽게 변한 것이다.

"나를 믿는다고 했습니까?"

"그렇습니다. 우리는 당신을 믿습니다."

그게 대체 무슨 말인지 알 수가 없었다. 그들의 말에 의하면 1년이 넘는 동안 여러 문제를 제시했음에도 불구하고 한 번도 불평 없이 자신들의 이야기를 들어주고 사소한 것 하나까지도 모두 해결해주는 내 모습을 지켜보았다는 것이었다. 사람을 알아보기 위해 돌을 던져 본 것이다.

"당신은 누구일까, 우리는 궁금했습니다."

내가 누구일까 그들은 궁금했던 것이라고 했다. 큰 거래를 해야 하는 입장에서 믿고 모든 걸 맡길 수 있는 사람인지 사소한 일은 쉽게 판단하고 그저 쉽게 해결해 버리는 사람은 아닌지 확신을 얻어야 한다고 생각했다는 말이었다. 그래서 일부러 까다롭게 굴었단다. 금방 생각하면 기분 나쁜 일일 수 있었다. 그런데 다시 한 번 생각을 해보았다. 나의 장점은 뭐든 한 번 더 생각한다는 것이다. 판단해 보니 이미 지나간 일이었다. 그들이 마음을 드러낸 데에는 이제는 그럴 이유가 사라졌다는 고백이기도 하니 거기서 따져 물을 이유는 없었다. 방법이 어찌되었든 그들은 현재 나를 믿는다는 말이 아니던가. 1년 반의 시간 동안 나를 지켜보았다니 그 인내도 보통은 넘는 수준이었다.

'당신들은 정말 대단하군요.'

그들에 대해 속으로만 놀라워했다. 나도 그들처럼 쉬이 속내를 드러내지 않는 습관에 젖어가고 있었는지도 모르겠다. 그리고 아직 그들이 왜 나를 그렇게 실험한 것인지 좀 더 명확한 답을 듣고 싶기도 했다. 그들은 더 편한 표정으로 내게 말을 건넸다.

"이제 당신은 누구일까?"에서 당신은 믿을만한 사람이며 좋은 사업가라는 답을 내렸습니다. 우리는 모두 당신을 신뢰합니다. 아니 신뢰한지 이미 오래입니다"하고 따뜻하게 말을 이었다. 그 말을 듣는 순간 가슴 한편에서 짜릿하게 뭔가가 치솟아 올라왔다. 실적을 이뤄내 부가가치를 올리는 것과는 다른 희한한 묘미, 말로는 설명하기 힘든 특별한 가치였다.

내내 속을 좀체 보이지 않던 그들이 한참 동안 속에 간직했던 것들을 꺼내놓기 시작한 거였다. 누군가가 나를 믿어준다는 것은 얼마나 뿌듯한 일인가. 이란으로 건너가 얻은 성과는 비단 부가가치를 높이는 일만이 아니었다. 먼 타국, 서로 말도 잘 통하지 않는 곳에서, 게다가 좀체 자신들의 속마음을 들춰내지 않는 것이 문화가 되어버린 그들에게 믿음을 얻었다는 것은 큰 재산을 갖게 된 것과 마찬가지였다. 이란 사람들은 상대를 한번 이렇게 믿기 시작하면 그때부터는 벽을 허물기 시작하는데 가히 상상을 초월할 지경이다. 쉬이 믿지 않지만, 쉬이 속내를 보이지 않지만 상대를 믿어도 된다, 상대는 믿을 만한 사람이라는 확신이 들고 진정한 친구가 되면 그 이후는 마누라 빼고는 모든 것을 같이 할 수 있다고 할 정도다. 단순하게 표현하건대 그들은 진정한 친구와의 믿음에는 계산을 하지 않는다는 것이다. 그리고 그 믿음은 무덤까지 간다고 하는데 경험상 그런 친구가 된 이란 사람 중에 나를 실망시킨 페르시아 상인은 아직 보지를 못했으니, 실로 무덤까지인지 계속 지켜 볼 일이다.

한번 친구는 영원하다

    그렇게 이란에 친구가 많이 생기기 시작했다. 어쩌면 그들도 모르는 사이에 제품 검사하듯이 나를 검사하고 테스트를 했는지 모르겠다. 다른 친구들과 마찬가지로 각각의 진정한 친구들과도 각기 다른 계기와 스토리가 있었다. 무작정 쉽게 친해진 친구는 단 한 사람도 없다. 아무튼 이란과 사귀기 시작한지 이제 18년의 시간이 흐르고 마음을 터놓을 수 있는 진정한 이란 친구들이 여러 사람 생겼다. 이들은 내가 인생을 살아가는데 울타리가 되고 등대가 되는 돈보다도 더 귀한 나의 최고 자산임이 분명하리라.

    대표적인 한 친구의 이야기를 해야겠다. 1999년에 만난 그 친구도 알게 된 지 1년여가 지난 후부터 나에게 친구라는 말을 시작했고 누구에게든 나를 소개하며 절친한 친구라는 말을 서슴지 않았다. 그렇게 우리는 친구가 되어갔다. 그는 때로 자신의 치부에 속하는 속마음을 털어놓는 것도 두려워하지 않았다. 마누라의 이러이러한 점 때문에 이혼을 해야겠다는 둥, 첫사랑을 만나서 밥을 먹었다는 둥 때로는 부끄러운 얘기와 시시껄렁한 얘기를 내게 해대기도 했고 그런 그의 스토리를 통해 그를 더 알게 되었다. 우리의 우정은 이후 더욱 단단해졌다. 하지만 당신도 그간 나를 시험해 보았던 것이냐고, 당신도 내 마음을 알기 위해 혹시 돌을 던져 보았던 적이 있던 거냐고 묻지 않았다. 친구가 된 이상 믿음이라는 것은 묻지 않아도 알게 되는 신비스러움이니까. 더군다나 우리는 각자 태어난 나라가 다르고 습관이 다르고 방식이 각기 다른 사람들이었으니 서로를 발견하고 파악하는 시간은 분명 필요했을 것이다.

이란 사람들은 이런 믿음을 쌓은 친구들과 동업을 하게 되고 그런 동업에는 거래 비용이 없다. 담보도 보증도 계약도 공증도 필요 없으니 말 그대로 거래 비용이 제로가 되는 것이다. 이런 법을 아는 것이 진정한 페르시아 상인들이다. 즉 친구는 페르시아 상인들에게는 은행의 통장잔액보다 더 확실한 최고의 자산이 되는 것이다. 다만 믿는 데까지 시간이 좀 걸리고 사람을 확인하는데 각자 나름의 인증절차들이 있을 뿐이다. 현재까지 여러 이란 친구들 중 그는 나랑 가장 먼저 친구하기를 원했던 사람 중 하나다.

1, 2년이 지난 후 그는 내게 슬펐던 가족사를 털어놓았다.

"나는 청소년기에 아버지가 일찍 돌아가셨어."

고등학교 3학년 때 아버지를 여읜 나도 그와 동병상련을 느낄 수 있었다.

"그때 어린 여동생들도 있었고 홀로 남은 어머니도 부양해야 하는 등 내게는 짐이 많았어. 오로지 나 혼자 우리 집안을 이끌어 가야 했거든. 그래서 이란 최고 명문대학교인 테헤란대학교 진학을 권유했었던 고등학교 선생님들의 안타까움 속에서 나는 대학도 포기했어."

그의 말을 듣던 순간 한국에도 너와 비슷하게 가족을 위해 희생한 사람들이 옛날에는 많이 있었노라고 답했었다. 그가 가족을 부양하기 위해 시작한 일은 공장에서 페인트를 구입해서 바자르시장 여러 가게에 배달하고 납품하는 일이었단다. 시장 골목골목을 그 무거운 페인트 통을 등에 지고 손에 들고 배달하느라 관절이 나빠졌고 신경통도 일찍 찾아왔다고 했다. 거의 쉬는 날이 없다시피 일에 매달렸고 그의 젊은 시절은 그렇게 힘든 일을 하는데 모두 소비되었다고 했다. 그 말을 들으니 매우 안타까웠다. 그렇게 속마음들을 털어놓으니 나도 마찬가지로 그에게 여러 속마음을 털어놓기 시작했고 때로는 같이 부둥켜안고 울기도 하고 같이 낄낄대며 자동차로 시내를 누비기도 하면서 우리는 허물없는 친구가 되어갔다.

"너는 멋진 사람이야. 그렇게 고생했으니 지금의 결과가 있는 것이고."

나는 그를 진심으로 인정했다. 그는 이란에서 사업에 크게 성공한 사람이다.

"한국에서는 그런 사람을 일컬어 자수성가한 사람이라고 해."

나는 한국에서도 힘든 가정환경을 극복하고 성공한 사업가들의 이야기를 전한 적이 있었다. 무에서 유를 창조한 너희들은 정말 위대하다고, 그러니 친구 너도 정말 위대하다고 말이다.

그는 테헤란과 두바이를 오가는 사업가이고 두바이와 테헤란에 많은 건물들을 소유하고 있을 만큼 큰 부자였다. 가족들과 함께 주로 테헤란에 머무는 그는 내가 두바이 근무를 잠깐 했을 때 그곳으로 나를 찾아와 도움을 요청했다.

"같이 잠깐 법원에 가 줄 수 있지?"

"법원?"

법원에 가자는 말에 내가 무슨 잘못을 했는가 싶었지만 표정을 보니 그건 아닌 듯 싶었다. 일단 가자하니 그를 따라나섰다. 법원에 가서 상황을 보니 포괄 위임장을 내게 주려는 게 목적이었다. 위임장을 받게 되면 두바이 소재 그의 부동산 자산 모두에 대해서 내 서명 하나로 팔 수도 있고 세를 놓을 수도 있는, 말 그대로 전권을 행사할 수 있는 권리를 내게도 부여한다는 거였다. 그가 가진 두바이 소재 재산은 결코 만만치 않은 큰 규모였다.

"내게 사인을 하라는 거야? 이건 큰 재산인데. 어떻게 나를 믿고."

그는 나를 믿노라고 했다. 그는 테헤란에 주로 거주하니 두바이에 있는 많은 부동산의 매매와 임대를 위한 서명을 위해서 일일이 출장을 다닐 시간도 부족하고 나만큼 믿고 있는 사람도 없다고 했다. 자신이 직접 두바이에 올 수 없을 때에 간혹 자신의 두바이 사무소 직원을 내게 보내 내 서명을 받아 가곤 했다. 내게도 전혀 시간을 빼앗기거나 성가신 일은 아니었다. 그가 나를 믿어주는 믿음의 가치는 그가 갖고 있는 두바이 재산의 수천 배도 더 된다는 생각이 들었다. 그러니 어쩌면 마음은 내가 그보다 더 부자이기도 했다. 이후 내가 두바이에 근무하는 4년여 기간 동안 그가 전화를 해서 직원이 갈 테니 서류에 서명을 해주라 이른 적이 꽤 있었다.

더 놀라운 일이 벌어진 것은 한국으로 돌아온 다음이었다. 이후에도 내가 맡은 상사부분의 본부장으로 회사가 가진 최대 시장인 이란만큼은 두 달에 한 번 정도 들러 영업활동과 인맥관리를 지속했다. 그런데 2015년 말 즈음 이란 출장을 가다 두바이에서 다른 거래처와 업무 협의를 하고 있는 도중 그의 전화를 받았다. 그냥 안부전화로 생각하고 이란으로 넘어가면 점심식사나 같이 하자고 말하려는데 놀라운 말이 전화기 너머에서 들려왔다. 부동산 포괄 위임장은 내가 한국으로 귀임할 즈음 그가 법원에 가서 이미 정리했을 것이라고 생각했었기 때문에 그런 부탁을 내게 할 것이라고는 꿈에도 생각하지 않았다.

"어, 친구. 오랜만이야. 지금 두바이 출장 중인데 내일 이란으로 넘어갈 거야. 모래 점심이나 같이하자."

"안 그래도 네가 두바이 있다는 소식을 들었어. 지금 있는 곳에 직원을 보낼 테니 사인 하나 해 줄 수 있지?"

사인을 해주라니, 한국으로 돌아간 지 수년이 지난 내게 아직도 그 위임장 권리를 그대로 유지하도록 하고 있었단 말인가.

"무슨 소리야? 그거 내가 떠날 때 정리하지 않았어?"

"정리하다니. 뭘?"

"나는 한국으로 이미 돌아갔잖아. 그러니 위임장도 캔슬한 것 아니냐고."

"우린 친구잖아. 친구 사이에 기간이 어디 있어. 한번 친구면 영원히 친구지."

코끝이 찡했다. 가슴이 먼저 울어 눈물은 아예 나오지도 못했다. 이란에서 얻은 값어치 중 어쩌면 가장 1순위 재산이 바로 이런 믿음을 가져준 친구들이라 감히 말할 수 있다.

부탁한대로 보낸 직원이 내민 서류에 서명을 해주었고 이틀이 지나 테헤란의 케밥전문식당에서 그는 나를 완전 감동시켰다. 아주 큰 심장수술을 받은 그는 여러 가지 약을 달고 사는데 솔직히 건강이 언제 어떻게 될지 자신도 확신하지 못한다고 했다. 그 말을 들으니 친구로서 안타까웠지만 그는 다정한 목소리로 말을 이어갔다.

"지금 당장은 아니지만 내가 언제 어떻게 될지 모르니 혹시라도 내가 죽으면 네가 내 아내와 딸에게 두바이에 있는 재산을 정리해서 잘 돌려주기를 바래. 이런 걸 믿고 부탁할 사람은 친구 자네뿐이야."

나를 한계 없이 믿어준다니 내내 가슴이 찡했다. 한국으로 돌아온 나는 바쁘다는 핑계로 그에게 연락도 자주 못했고 이란에 출장을 가면 간혹 식사나 하는 게 우리의 관계였다. 그런데 그는 그가 내게 부여해준 어마어마한 권리에 대해서 기간이나 한계를 두지 않았던 것이다. 이란 사람들은 한번 파트너, 한번 인연, 한번 친구 사이라고 여기게 되면 마음을 모두 내어주는 통 큰 믿음을 보여준다. 그게 페르시아 상인이고 그들이 세계 3대 상인이 된 밑거름이다.

서로 믿음을 갖게 되면 소위 말하는 거래비용이 사라진다. 거래비용이란 무엇인가. 우리가 흔히 은행에서 대출이라도 받으려면 무수히 많은 서류를 첨부해야 한다. 법원에 가도 마찬가지이고 물건을 사고팔던 공사를 하던 빼곡히 있을 수 있는 모든 상황에 대해서 그 규칙을 정하는 계약서를 준비하는 경우도 마찬가지다. 세상에는 이렇듯 어떤 거래를 하기 위해서는 엄청난 비용이 발생한다. 공증비, 자문비용, 변호사비, 설정비, 소송비 등 이루 셀 수도 없는 많은 비용이 따라다닌다. 하지만 페르시아의 진정한 상인들은 한번 생긴 믿음이면 이러한 거래비용이 신기하게도 제로가 되는 것이다.

이 친구는 부동산개발업을 주로 하고 있었는데, 예를 들어 어느 건물을 지을 때는 A씨, B씨가 동업파트너가 되고, 다른 건물을 지을 때는 B씨가 빠지고 C씨가 동업파트너로 대신 참여하곤 했다. 그런데 중요한 것은 이들간의 동업계약서는 없다는 점이다. 단지 한 달에 한 번 정도 함께 모여 비용, 임대, 매매 등 관련 업무를 논의하는 회의만 있을 뿐이다. 동업파트너들 간의 절대 신뢰로 복잡한 진행절차가 없어지고 화기애애한 모임만 있을 뿐이었다.

진정한 페르시아 상인들은 서로 간의 믿음엔 유효기간이 없다. 믿음으로 거래비용을 대신하게 되어 가격 경쟁력이 생기고 그 무거래 비용의 경쟁력은 무덤까지 유효하다. 우리나라라면 절대 있을 수 없는 일이다. 상대가 나를 믿는다는 걸 역이용하는 경우가 얼마나 많은가. 각종 범죄에 연루된 사람들을 보면 가까운 관계를 가진 사람들이 더 많다. 상대가 나를 믿는다는 걸 교묘히 이용하는 것이다.

그와 친구가 되면서 믿음의 가치에 대해 생각해 본 적이 있다. 돈으로는 살 수 없는, 세상의 무엇과도 비교할 수 없는 새로운 창조가 바로 믿음이리라. 과연 믿음만으로 누군가에게 내 자신의 재산을 믿고 맡길 수 있을까? 정말 쉽지 않은 일이다.

축구가 좋아!

부임 초기 이란의 지인이 축구경기에 초대를 한 적이 있다.

"한국 사람이니까 축구 좋아하시지요?"

그는 한국 사람이라면 모두 축구를 좋아한다고 생각하는 모양이었다. 일단 내가 축구를 좋아하는 사람이라는 것은 맞다.

"물론입니다."

이란의 축구장에서 그를 만났더니 대뜸 이렇게 물었다.

"그런데 언젠가 아시안컵에서 이란이 한국에게 6:2로 이겼던 거 아세요?"

알고 있는데도 모른 체하며 '그런 적이 있던 가요?'하고 웃으며 물어 보았다. 그에게 자부심을 펼칠 기회를 줄 마음이었다. 그랬더니 이내 자랑스럽다는 듯이 축구에 대해 열변을 토하기 시작했다.

"아니 어떻게 그걸 모르지요? 혹시 너무 크게 패해서 기억하기

싫은 거 아닌가요?"하면서 크게 웃었다. 그러면서 이란의 축구실력을 끝없이 자랑하기 시작했다. 경기장에 도착하니 그야말로 사람들로 붐볐다. 늘 이렇게 사람들이 붐비느냐고 물었더니 그렇다고 답했다.

이란과 중동 어느 나라와의 친선경기였는데 가서 보니 응원하는 모습이 우리나라사람들에게 절대 뒤지지 않았다. 희한도 하지, 왜 그리 축구에는 모두 열광할 수 있는 건지. 신이 만든 경기가 아닐까 하는 생각이 들었다. 이란에도 엄청난 열성팬들이 있었다. 이란 사람들이 축구에 열광하는 모습을 보면서 만국공통언어는 웃음 다음으로 축구로 결정해야 하는 것이 아닌가 하는 생각이 들었다. 아차, 하는 순간 골문 앞에서 다른 방향으로 휘어지는 볼을 보며 그들도 안타까움에 혀를 차기는 마찬가지였으며 골인이 되는 순간 운동장이 떠나갈듯 열광하는 모습도 우리와 별반 다르지 않았다. 대체 축구경기라는 걸 처음 누가 만들었는지 알아보고 싶어지는 순간이었다. 우리나라와의 경기가 아니라서 열심히 이란팀을 응원해주었다.

'이들은 축구를 좋아한다. 한국의 축구 열기와 맞먹는다.'

그래서 머리를 좀 써보기로 했다. 비즈니스를 하다보면 장사와 전혀 관련 없는 이야기가 효과를 발휘할 때가 제법 있다. 축구이야기가 그에 속한다. 재미있게도 나는 어러 번 써먹으며 효과를 봤다.

"축구 좋아하십니까?"하고 물어 별 관심이 없어도 별 손해가 아니고 혹시라도 "아주 좋아합니다"하고 답한다면 이야기는 완전히 달라질 수 있으니 효과가 제법 컸다. 상대가 축구를 좋아하는 사람이라면 축구 이야기를 넌지시 꺼내보며 이야기를 시작했다. 슬그머니 '나도 축구에 나름대로 열광하는 사람입니다'하는 티를 내면서 말이다. 그러면 이야기는 생각보다 순조롭게 풀리곤 했다. 축구가 비즈니스의 수완이 될 거라고는 생각해 본 적이 없었다.

상대가 축구팬이라면 서로 간에 나눌 대화가 아주 많아지는 효과가 생겼다. 그러다 서로 축구경기라도 함께 관람을 하고 나오면 그 어떤 사람보다 친분이 두터워지는 놀라운 체험을 하곤 했다. 스포츠는 다른 나라일지라도 룰이 같다는 장점이 있지 않은가. 거기에다 나눌 이야기가 많다는 것은 운동경기가 가진 어마어마한 장점이었다. 그러니 이란에서 축구이야기를 적절히 알아서 쓰는 건 비즈니스로든 아니든 유용했다.

이후 축구를 좋아하는 이란인들을 만나면 이렇게 말하곤 했다. "이란의 축구실력은 대단합니다. 아, 한국을 6:2로 이긴 적도 있었으니 말입니다." 그 말에 이란에서 축구팬을 자처하는 사람들은 우쭐하곤 했다.

그렇다면 이란에서는 우리나라처럼 여성들도 자유로운 응원이 가능할까? 궁금하지 않을 수가 없다. 우리나라에서는 커플이 함께 축구경기장을 찾는다. 이란은 어떨까? 경기장에 처음 들어서 놀란 것 중 하나가 바로 그것이다. 8만 명을 수용하는 아자디국립경기장에 여성 관중은 단 한 명도 볼 수 없다는 사실이었다. 아무리 축구 마니아가 남성이 더 많다한들 어떻게 단 한 명도 없을까 싶은 생각이었다.

"그런데 이란에는 여성축구팬은 없습니까?"

그가 돌아보며 답했다.

"없긴요. 여성들도 축구를 꽤 좋아합니다. 다만 경기장에 못 들어오게 되어 있을 뿐입니다."

순간 '아, 여기는 이란!'하고 다시 떠올랐다.

한국에서 만약 축구경기장에 여성팬들은 들어오지 못하게 한다면 어떤 일이 벌어질까 생각하니 웃음이 새어나왔다.

하지만 이란은 역시 타국에 대한 배려심이 많은 나라였다. 이란 사람들도 같은 아시아인으로서 한국을 뜨겁게 응원했었던 2002년 서울월드컵을 모두 기억하고 있다. 이후 2006년 독일월드컵 예선전으로 한국과 이란의 경기가 역시 테헤란 아자디국립경기장에서 열렸다. 이때 이란은 이슬람공화국이 된 이후 최초로 한국의 여성 관람객들에게 입장을 허용해 주었다. 물론 두 가지 조건이 있었다. 첫째는 여성들은 머리카락을 보이지 않게 히잡을 착용하고 관람석에 들어가야 하는 조건이었다. 둘째는 한국 남녀관람객들은 모두 따로 철망이 쳐져 있는 구역에서 이란 관람객들과 구분되어 앉는 조건이었다(이는 외국인들의 안전을 고려했으리라). 그때 서울에서 날아온 붉은 악마 여성응원단은 희한하고 독특한 경험을 했으리라. 당시 태극기를 히잡으로 사용해서 머리를 두른 붉은 악마 응원단 속에 나의 와이프도 한자리를 차지했다. 어찌되었든 이들이 이란에서 축구경기장에 들어간 최초의 여성 관람객들이었으니 이 또한 기록에 남을 만한 일이 아닌가.

축구뿐만 아니라 실내경기장에서 벌어지는 남자선수들의 배구경기나 농구경기에도 여자들의 입장이 불가능하다. 같은 논리로 여자선수들의 배구·농구경기에는 여자들만 입장이 허용된다. 여기에는 남자들이 단 한 명도 들어가지 못한다.

아무튼 이란의 여성들은 안타깝게도 축구장에는 들어갈 수가 없단다. 연인과 함께 음료수를 마시며 고래고래 고함을 지르고 한껏 스트레스를 풀며 축구경기를 즐긴다는 건, 이란 여성들에게는 현재로써는 불가능이한 일이다. 하지만 한국의 붉은 악마를 위해서 특별 예외를 적용해 준 이란은 '역시 안 되는 것이 없는 신축성이 있는 나라다'라고 말하는 것은 내가 이란을 너무 사랑해서인가?

머리를 감싼 이란의 여성들

"저는 처음 국가기관에서 나눠주는 건 줄 알았습니다. 왠지 느낌이 그랬거든요."

한국으로 돌아 왔을 때 후배가 이란에서 여성들이 쓰고 다니는 루싸리^{이란식 히잡}를 무슨 국가에서 나눠주는 것처럼 생각하고 있었노라고 했다. 축구경기장에도 들어갈 수 없다는 말을 듣고 나서는 더욱 그리 여긴 모양이었다.

"왜 그렇게 생각한 거야?"

"모두가 똑같이 착용을 하고 있으니 군복무를 가면 지급하는 군복이나 모자처럼 생각이 들어서요."

들고 보니 그럴 수도 있겠다는 생각이 들었다. 원해서 하는 것이 아니라 규정과 법규에 의해 착용하게 되는 루싸리, 이란의 여성들은 예외 없이 집밖에 나올 때에는 루싸리를 착용해야 한다. 이는 모

이란식 히잡인 루싸리를 쓴 마네킹

든 외국 여성들에게도 똑같이 적용된다. 얼마 전 박대통령이 이란을 방문했을 때에도 루싸리를 착용했었다.

처음 이란에 정착했을 때 머리에 루싸리를 착용한 여성들을 보면서 좀 답답해 보이기도 하고 한편으로는 왜 저렇게 불편하게 살아야 하나 하는 생각이 들기도 했었다. 하지만 그 생각을 바꾼 건 이란식 히잡인 루싸리를 파는 가게를 보게 되면서였다.

수려하고 세련된 디자인과 온갖 컬러로 뽐을 낸 루싸리가 가게 안에 수도 없이 가득 쌓여 있었다.

"이게 다 루싸리인가요?"

내가 묻자 주인은 그렇다고 답했다. 오로지 루싸리만 판매하는 전문점이었다. 우리나라에는 없는 특별한 전문점인 것이다. 그런데 그곳에서 보니 루싸리를 고르는 여성들의 표정이 정말 행복해 보였다.

"이거 예쁘지 않아?"하면서 루싸리를 들어 같이 간 친구들에게 묻기도 하고 얼굴에 둘러보기도 하면서 즐거워했다. 마치 우리나라 가로수 길의 액세서리 가게에서 머리핀을 고르는 모습과 별반 다르지 않아서 놀랐던 기억이 있다. 그 모습을 보니 그것이 강제나 강요만으로 만들어졌다기보다 하나의 문화로 자리 잡은 것일지도 모른다는 생각이 들었다.

"이란의 여성들은 루싸리 착용을 귀찮아하지 않나요?"

그래도 자유가 아닌 규율에 의해 쓴다는 생각에서 물어보게 되었다. 물론 그렇게 여기는 여성들도 있지만 루싸리를 모으는 취미를 가진 여성들도 꽤 많다는 것이었다. 억압의 상징이라고만 여기지 않고 여성의 전유물이라고 여기는 사람들도 많이 존재한다는 것이다. 반대로 생각해보니 남자들은 쓰지 못하는 물건 아닌가.

"이제 알았어?"

혹시 국가에서 지급하는 게 아니냐고 묻던 후배에게 루싸리만 판매하는 전문판매점이 아주 많다고 알려주자 의외라는 반응이었다.

그럼 루싸리는 무엇인가. 왜 착용하는가를 좀 알아볼 필요는 있겠다. 루싸리를 두르는 것은 이슬람교를 따르는 그들의 방식이다. 타인에게 성적 관심을 유발하게 하는 복장이나 행동은 절대 금물이거니와 남편이 아닌 타인에게 손과 얼굴을 제외한 자신의 맨 피부를 드러내거나 신체의 실루엣을 드러내 보이는 것은 이란 여성에게는 절대 있을 수 없는 일, 따라서 이란 여성들에게 루싸리는 몸과 같은 존재다. 텔레비전을 보면 뉴스를 보도하는 여성앵커도 루싸리를 쓰고 진행을 하며 드라마에 출연하는 배우들도 모두 이를 쓰고 연기를 한다. 하지만 얼굴을 가리지는 않는다. 머리카락만 가린다고 생각하면 되겠다.

하지만 이란에도 변화의 바람이 살짝 불어오고 있다. 세상의 바람이 이란이라고 해서 그냥 지나쳤을 리가 있나. 얼마 전 이란 출장

중에 인터넷을 보다가 우연히 이란 관련 특이한 기사를 접했다.

'이란의 여성들 히잡을 벗다'라는 타이틀의 기사였는데 나로서는 믿을 수 없는 일이었다. 이란에서 루싸리를 벗어던진 여성들이 하나둘 자신들의 사진을 SNS 상에서 공개하기 시작했다는 보도였다. 그들 일부는 얼굴을 가린 채이기도 했지만 당당하게 얼굴을 공개한 여성들도 있었다.

'이게 정말 사실이야? 다른 나라에서 재미를 위해 만든 게 아니야?'

기사를 보던 순간 냉큼 창문을 열고 테헤란 시내를 거니는 여성들을 바라보았다. 기사처럼 루싸리를 벗어 던진 여성은 단 한 명도 보이지 않았다. 하지만 기사 내용을 보니 상당한 반향을 일으키고 있는 모양이었다. 루싸리는 이처럼 양면성을 갖고 있었다. 강요된 아름다움이거나 그들만이 갖고 있는 아름다운 문화이거나 말이다.

이미 이란에서도 인터넷이나 위성 방송 등을 통해 서구 문화에 접하게 된 지 오래다. 한국의 걸그룹 이름을 꿰고 있는 십대들도 상당히 많다. 하지만 현재까지 이란에서 루싸리를 벗어던진 앵커가 뉴스를 진행하는 모습을 기대하는 건 어려운 듯하다.

"이란은 남녀차별이 심각하지 않은가요?"

루싸리에 대해 설명하자 후배는 남녀차별에 대해 관심을 두기 시작했다. 여성들이 모두 루싸리를 착용하고 있다 보니 심심치 않게 받게 되는 질문이다. 같은 질문을 받을 때면 역시 같은 답을 하곤 했다.

"천만에!"

이란의 대졸자 취업률은 여성이 남성보다 오히려 더 높다. 여성은 운전조차도 허용이 안 되는 사우디아라비아와는 달리 세련된 루싸리를 쓰고 담배까지 입에 물고 운전하는 여성들을 보는 것이 이란에서는 드문 일이 아니다. 중동지역에서 여성의 사회 진출이 가장 높은 나라가 바로 이란이라는 사실 역시 모르는 사람들이 많다. 그래, 축구 관람에서는 심각한 차별, 맞다. 하지만 실험실에서 연구를 하고 공장에서 엔지니어로 기계를 만지고 의사, 약사, 변호사로 전문직에 종사하는 여성들이 즐비하고 여성들이 대우받는 나라 또한 이란이다.

STOP 이란의 여성들은 대중들 앞에서 노래를 할 수 없다. 집에서 부를 수는 있지만 공공장소에서는 불가능하며 춤도 마찬가지이다. 하지만 연극에서 주연 남녀배우가 손을 잡고 사랑을 표현하는 것을 보고 깜짝 놀란 적이 있는데 나중에 물어보니 이들은 법적인 부부 사이라고 했다. 이란의 여성들은 많은 부분에서 아버지나 남편의 동의를 받아야만 가능하다.

외국인이 좋아!

　이란에 온 지 6개월쯤 되었을 때 남부의 한 작은 도시를 방문한 적이 있었다. 주택가에 위치한 거래처 사무실을 찾아서 골목으로 들어서자 한 아이가 나를 따라오기 시작했다.

　"너 누구야? 나를 왜 따라오는 거야?"

　계속 따라오기에 물었지만 아이는 아무 답도 없이 빙긋 웃으며 무작정 따라왔다. 처음에는 몸에 뭐가 묻기라도 한 것인가 궁금했는데 그건 아닌 것 같았다. 조금 더 걷다 보니 아이의 뒤를 따르는 다른 아이가 생겨났고 조금 더 가다 보니 아이들이 더 늘어났다.

　'대체 뭘까?'

　얼마만큼 걸었을까. 뒤를 돌아보니 아이들이 아닌 나이가 제법 있어 보이는 청소년들을 포함해서 거의 백여 명이 내 뒤를 따르기 시작했다. 무슨 일인가 싶었지만 모두 나를 공격하거나 해하려는 의도는 전혀 없어 보였다. 그들의 눈빛이 그걸 말해주고 있었다.

그때였다. 한 아이가 다가와 내게 인사를 건넸다. 무슨 말인지 알아듣지 못했지만 우리나라로 보자면 사투리 비슷한 언어로 인사를 건네는 것 같았다. 분명 반갑다는 표현의 인사라고 확신했다. 냉큼 이란말로 인사를 했더니 아이가 씩 웃었다. 그러자 다른 아이들도 함께 웃었다. 순간 나의 외모가 자신들과 다른 외국인이라서 사람들이 반응한다는 것을 알아차렸다. 사실 많은 무리가 나를 따르기에 처음에는 살짝 겁이 나기도 했는데 그들의 마음은 순수 그 자체였다.

이란 사람들은 외국인에 대해서 매우 호의적이며 호기심이 많다. 지난 수십 년간 외국인의 방문이 그리 많지 않다보니 그렇게 된 듯 했다.

"여기는 어디쯤이야?"하고 이란 말로 물었더니 동시에 수십 명의 어린이들이 제각기 답을 하는 통에 오히려 무슨 말을 하는지 알아들을 수가 없었다.

'맙소사!'

순간 나를 포함한 모두가 큰 웃음바다를 연출했다. 내가 마치 세계적인 스타라도 된 듯한 기분이 들었다. 한류스타들이 외국에 나가면 이런 기분이겠구나 싶은 게 괜히 마음이 아이처럼 붕 떠버렸다.

"이 도시에 있는 유명한 식당이 어디지?"

다시 한 번 특별함을 즐기고 싶은 마음에 이란 말로 물었더니 역시 수십 명이 한꺼번에 답했다. 마치 한국의 아이돌스타가 마이크를 들고 관객을 향해 뭔가를 물으면 동시에 답하는 모양새와 비슷했다. 그렇게 스타놀이가 시작되었다. 그들의 모습이 너무도 순수해 벗어나올 때는 서운한 마음이 들 지경이었다.

"다음에 또 올께."

인사를 건네자 그들도 모두 인사를 동시에 건넸다. 손을 흔들자 마치 나를 초대했던 사람이라도 되는 것처럼 모두 손을 흔들어 주었다.

한국전쟁 이후 1960년대, 1970년대까지는 우리나라도 미국인들이 나타나면 동네 아이들이 졸졸 따라다니며 관심을 두곤 했었다. 그렇게 졸랑졸랑 외국인들 뒤를 따르던 우리 또래가 이제 중장년이 되었으니 시간이 많이도 흘렀다. 이제 외국인들이 길거리에 많아져서 별 관심이 없어졌지만 우리나라도 이렇게 된 지가 그리 오래 되지 않았다. 그러니 이란에서 그들이 당신에게 관심을 보이더라도 당황하거나 크게 겁을 먹을 이유는 없다. 말 그대로 호기심과 타국인에 대한 관심이 커서 그럴 뿐이다. 특히 아이들은 우리나라나 이란이나 순수함 그 자체다. 아니 이란의 아이들이 좀 더 순수하다는 게 정답인 것 같다. 요즘 우리나라 아이들은 어려서부터 너무 많은 걸 보고 배우고 자라니 말이다.

이란 사람들은 외국인을 좋아한다. 특히 서구적이기까지 한 자신들과는 외모가 판이하게 다른 우리 한국인들을 좋아한다. 이렇게 호감을 갖게 된 데에는 물론 드라마 〈대장금〉과 〈주몽〉의 역할이 크다. 그 드라마의 출연 배우들을 언제 만나게 된다면 밥이라도 사고 싶다.

STOP

이란 근로자들의 하루 근로시간은 보통 7~8시간이다. 오전 8시에 업무를 시작해서 4~5시에 업무를 끝낸다. 또한 이슬람 국가이므로 금요일이 휴일이며, 목요일이 주말로 간주되어 반나절 일하는 곳이 많다. 따라서 한주의 시작은 월요일이 아닌 토요일이다.

친절과 참견 사이

딸아이가 이란에서 유치원을 다닐 때였다. 한번은 딸아이와 함께 길을 가던 중 내가 한눈을 판 사이 아이가 보도블록에 걸려 갑자기 넘어졌다.

"괜찮아, 우리 딸?"

냉큼 딸아이의 손을 잡으려고 팔을 내밀었다. 딸은 살짝 상처 입은 무릎을 만지면서도 내민 내 손을 잡으려고 역시 팔을 내밀었다. 우리나라 같으면 동행하는 아빠가 일으켜 세우면 주위의 행인들은 다들 신경 쓰지 않고 제 갈 길을 가지 않는가. 그러니 누구도 신경을 쓸 거라고 생각하지 않았다. 딸아이가 내 손을 잡고 일어서려던 순간 "괜찮아?"하는 이란어가 들려왔다. 딸아이를 일으켜 세우는 걸 분명히 확인했을 텐데도 옆을 지나던 사람이 다가오며 물은 것이다. 다시 보니 다른 몇몇 사람들도 달려와 딸아이를 보며 괜찮냐고 물었다. 아이가 좀 어안이 벙벙해진 표정으로 나를 먼저 바라보았다.

"고맙습니다. 괜찮습니다"하고 말하자 아이도 나를 따라서 "괜찮아요. 감사합니다"하고 답했다. 한순간 여러 사람들이 딸과 내게로 몰려든 것이다. 다시 걷는데 아이가 물었다.

"아빠. 저 사람들이 왜 그런 거야?"

"글쎄, 아마도 친절해서 그렇겠지 여긴 이란이잖아."

"맞다. 여긴 이란이지?"

어느 날이었다. 딸아이와 약속한 동네 슈퍼를 향해 걷고 있었다.

"아빠, 여기, 여기야."

멀리서 딸아이가 나를 부르기 시작했다. 반가운 마음에 손을 흔들었다. 딸아이는 가게 안쪽에서 나를 기다리며 서 있었다. 가게로 다가가다 보니 길 건너에 차량 한 대가 고장이 난 것인지 여러 사람들이 차를 밀고 있었다. 합심해서 힘을 줘도 그대로이자 다시 힘을 모아 차를 밀기 시작했다. 그때였다. 차가 앞으로 훅 전진하기 시작했다. 당연히 차를 밀던 사람들이 달려가 그 차에 오를 줄 알았는데 차를 향해서 손을 흔들고는 손을 털고 각자 다른 방향으로 흩어지는 것이었다. 서로 아는 사이가 아니었던 것이다.

딸아이가 기다리고 있던 가게로 들어갔다.

"아빠 봤어? 차가 아까부터 저기 서 있었거든. 한참 전부터."

"한참 전부터?"

조금 전 보았던 차가 한참 전부터 그곳에서 말썽을 부리고 있었던 모양이었다.

"근데 아빠. 사람들이 왜 그냥 가버린 거야? 일행이 아니었던 거야?"

"어. 지나가는 차가 고장이 나서 아마 다들 도와줬던 모양이야."

딸아이는 자신이 넘어졌던 날을 기억하는 것 마냥 고개를 끄덕였다.

"이란 사람들은 친절하다고 했지?"

딸아이는 내가 미리하려는 말을 먼저 해버렸다. 그래서 피식 웃음이 새어나왔다.

"아빠는 얼마 전에 정말 엄청난 친절을 경험했는걸?"

도로에서 있던 일이었다. 시속 80킬로미터 정도의 속도로 달리고 있었으니 느린 속도가 아니었다. 어느 지점에서 살짝 체증이 생겨 속도가 줄어들었는데 가던 길이 헷갈려 마침 창문을 내리고 옆을 지나던 승용차 운전자에게 목소리를 조금 높여 길을 물었다.

"석유성 건물로 가려고 하는데 어떤 방향이 맞나요?"

그는 내게 친절한 얼굴로 앞쪽 사거리에서 왼쪽으로 가라고 말했다. 알았다고 답을 하고 다시 속도를 내는데 얼마큼 떨어져서는 같은 속도로 달리며 내게 소리치기 시작했다.

"왼편으로 들어가서 한참 더 달려가요. 그다음 직진으로 다시 500여 미터 들어갑니다. 들었어요? 알아들었냐구요!"

나는 고개를 끄덕였고 잘 알았다고 감사하다고 말했는데 여전히 그는 나와 자신의 차를 같은 속도로 유지하며 함께 달리고 있었다. 그리고는 마무리 지점을 찾아가는 길까지 자세히 설명해주면서 나를 한동안 에스코트 하다시피 했다. 생각해보니 그 이전에도 도로를 지나며 같은 광경을 목격한 적이 있었다. 처음에는 양쪽 운전자끼리 무슨 싸움이 벌어졌나 했었는데 마지막에 서로 웃는 표정으로 손을 흔들며 다른 길로 가는 것을 보고 헷갈려한 적이 있었다. 내게 시속 80킬로미터의 차량 속도까지 맞추며 친절하게 목적지를 안내해준 사람을 보며 그때 왜 그랬는지를 알게 된 것이다. 그들은 인간 내비게이션이었다.

"그렇게 목적지에 잘 도착했거든."

"정말이야? 신기하다. 그런데 여기 이란 사람들은 왜 그런 거야?"

딸아이가 물었다.

"글세, 아마도 친절해서 그렇겠지 여긴 이란이잖아."

그렇다. 어찌 보면 과할 만큼의 친절함이다. 과할 만큼 친절한 습관을 보며 혹시 과한 참견이 아닐까 성가시게 생각할 수도 있지만, 이란은 내게 타국이다. 우리나라와 같을 수도 없으며 같기를 바라서도 안 되는 일이었다. 보는 사람과 처한 사람의 입장에 따라 다르겠지만 내게는 득이 되었으니 친절이고 또 다소 불편을 느꼈다고 해서 무작정 참견이라 할 수는 없는 노릇 아닌가. 이란에서 살면서 친절한 사람들을 자주 만났다. 그들은 친절이 몸에 배어 있었다. 과한 참견으로 보인다면 "고맙습니다"하고 자리를 피하면 그만이었다.

STOP

이란 사람들의 '예스(Yes)'는 우리가 생각하는 '예스'가 아니다. 그렇다고, 맞는다고, 그렇게 하자는 식의 예스로 해석했다가는 큰 낭패를 볼 수 있다. 이란인들에게 예스는 일종의 예절 같은 단어이기도 하며, 신이 허락하면 그렇게 하겠다는 뜻이기도 하다. 그리고 이란에는 빈말인사가 존재한다. 마음에는 없지만 겉으로는 괜찮은 듯 보이는 인사법이다. 우리나라의 체면문화와 비슷하다. 따라서 안 괜찮은데 괜찮다고 하는 것인지, 불편한데 편하다고 하는 것인지 상대를 잘 파악해야한다.

엄지는 절대 안 돼

친절한 이란 사람들에게 절대 해서는 안 되는 행동들이 있다. 내가 이란을 가기로 결정했을 때 서울에서 환송연이 있었다. 그때 이란에 주재를 했었던 선배가 식사 자리에서 "오, 당신은 최고입니다"하면서 엄지손가락을 들었다가는 큰일 나니 절대 그러지 말라고 말했다.

처음 이란으로 가기 전 그걸 숙지하지 않았다면 초창기에 엄청난 실수를 했을지도 모를 일이었다. 그 부분에서 실수를 하지 않았던 것은 이란에 대해 잘 알고 있는 그 선배 덕이었다. 그날 그분은 옆자리 앉아 내게 살짝 말했다.

"엄지손가락은 이겁니다."

"그게 무슨 말이야?"

그는 한 손으로는 엄지손가락을 추켜세우고 다른 한 손으로는 셋째손가락을 추켜세우고 있었다. 언뜻 무슨 의미인지 이해되지 않아 고개를 갸웃하자 그가 다시 말했다.

"엄지손가락을 이란에서 세우면 이거라구요."

"정말입니까?"

"네. 이란에서는 엄지손가락을 추켜세우면 서양에서 셋째손가락을 추켜세우는 것과 같은 의미입니다."

"고마워요. 몰랐으면 큰일 날 뻔 했네요."

엄지손가락을 추켜세우는 행동이 워낙 우리에게는 일상의 습관이다 보니 그 말을 듣지 않았더라면 최소한 몇 번은 그렇게 행동했을 게 뻔했다. 이란에서도 우리나라의 드라마를 많이 본다는데 그럼 엄지손가락을 추켜세우는 장면을 볼 때 어떻게 생각할지 절로 웃음이 나왔다.

미리 알고 간 것은 다행이었다. 알지 못했다면 비즈니스 관계자들을 만나면서도 이란의 여성들과 만나는 곳에서도 상대가 멋지다는 의미로 자칫 엄지손가락을 추켜세웠을 것이 아닌가.

만약 이란 사람과 마주하며 대화를 하던 중에 "당신은 정말 최고입니다"라는 표현을 하기 위해 엄지손가락을 추켜세웠다면, 미국 사람에게 우리가 "당신은 최고입니다"하며 셋째손가락을 추켜세운 것과 마찬가지라는 것이니 얼마나 그들이 황당해했겠는가 말이다.

언젠가 이란 출장 시 이란 TV 방송에서 한국드라마를 상영하는 것을 본 적이 있었다. 현지 친구와 같이 보는데 한 장면에서 내 눈이 휘둥그래졌다. 주인공이 여자 친구가 만들어 준 음식을 먹다 말고 엄지손가락을 추켜세우는 장면이었다. 피식 웃음이 새어나왔다. 그도 나를 보며 피식 거리며 웃었다. 그는 한국을 잘 아니 내가 왜 그런 표정인지를 잘 알고 있었다. 그렇다. 한국을 아주 잘 아는 이란 사람들이라면 한국에서의 습관을 제법 알고 있으리라. 허나 이란에 가면 이란법을 따라야 할지니, 송중기라 할지라도 이란에 가서 절대 엄지손가락을 추켜세우면 큰일 날 수밖에 없는 것이다.

이란에는 우리나라와 비슷한 습관이나 예절도 많다. 음식을 먹을 때 과도하게 소리 내지 말고 천천히 먹는 것이 상대에 대한 예의라는 것은 우리네도 마찬가지지 않은가. 그런데 한 가지 유념해야할 점이 있다. 우리나라 사람들 중에 유난히 국물 음식을 먹을 때 '후루룩' 대고 씹을 때 '쩝~쩝~' 대는 소리를 내는 사람들이 있다. 그런데 이란 사람들은 이런 '후루룩', '쩝쩝'은 개나 돼지, 소 등 가축들이 사료를 먹을 때 내는 소리라고 단정 짓고 있다. 교양이 없거나 무식하다는 생각을 하게 만든다는 것이다(한국 사람들 중 식사할 때 유난히 소리를 내는 사람들이 종종 있다는 것을 아는 아주 친한 이란 친구가 몇 년이 지나서야 내게 귀띔 해준 것이다).

또 집주인이 먼저 수저를 들도록 하는 것도 예의 중 하나다. 손님이 먼저 수저를 들고 식사를 시작하는 것은 결례로 생각한다. 식사를 준비한 사람에 대한 인사도 잊으면 안 되겠다.

특이한 점은 이란 사람들은 식사를 할 때에는 개인사보다는 세상사에 대해 논하고 해결방안을 함께 강구하는 대화를 즐긴다는 것이다. 만나면 잘 모르는 사람들끼리도 개인에 대한 긴 안부를 묻는 게 습관이다 보니 친해져서 식사라도 하는 관계로 격상되면 아마도 식사를 하는 동안에는 세상 돌아가는 일들로 대화 수준을 한 단계 끌어 올리는 것이 자연스럽게 된 것이 아닌가 하는 추측을 해보았다. 우리는 한국 사람이니 한국에서 화제가 되고 있는 이야기를 꺼내보는 것이 좋지 않을까?

"이란에서 한국드라마가 인기 있는데 혹시 〈태양의 후예〉라는 드라마를 이란에서도 알고 있나요? 송중기라는 한국의 배우가 그렇게 멋지다는데 말입니다." 비즈니스 식사라도 장사관련 얘기만 계속하지 말고 이란 여성분들에게는 이러한 화제를 꺼내 보면 한국 남자들에 대한 점수가 올라가지 않을까?

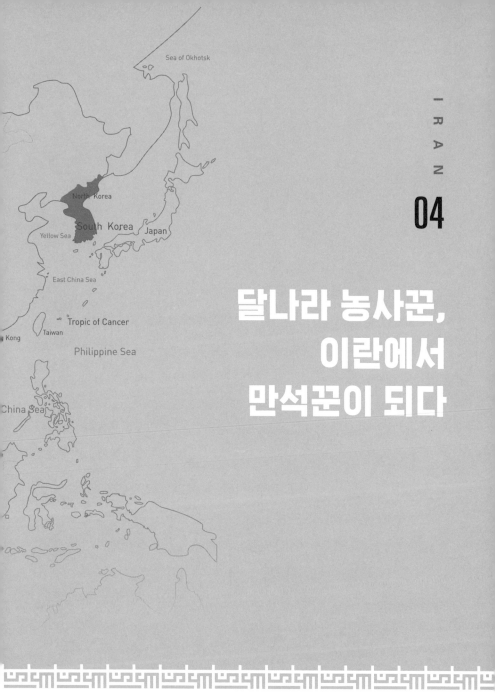

달나라 농사꾼,
이란에서
만석꾼이 되다

새로운 만남, 시작은 미약했고

60억 원, 한 해 매출이 60억 원이라 했다. 상사 해외지사의 경우 1 인지사라도 비록 한국에서는 한 사람이 파견되지만 현지인 직원도 4~5명 있어야 하고 사무실과 주택임차료며 자녀교육비 등을 감안 하면 당시 기준으로 적어도 200억 원 이상의 판매고를 가지고 있어 야 했다. 하지만 내가 이란에 파견될 즈음 수년간의 이란지사 실적 은 바닥이었고 도통 살아날 기미가 보이지 않았다. 오죽하면 정영 훈이를 보내 보고도 회생이 안 되면 문을 닫는 조건으로 나를 파견 했겠는가? 한마디로 나는 버리는 패가 아니었을까?

이란에 처음 도착해 지사 실정을 파악해 보니 60억 원이라는 말 이 실감났다. 뭐든 눈으로 봐야 정확히 답이 나오지 않던가. 다른 경쟁상사의 지사들은 다양한 품목들을 취급하는데 비해 우리 지 사는 대표 품목이 달랑 타이어코드 고무와 함께 타이어의 근간을 이루는 섬유제품 한

품목에 고정거래처도 두 곳밖에 남지 않았다. 서울에서 출발할 때는 그래도 뭔가 길이 있을 것이라고 생각했는데 전임주재원으로부터 지사를 넘겨받아 한 달 정도를 운영해보니 앞이 캄캄했다. 서울의 가족들에게는 6개월 정도까지는 이곳으로 이사 올지 말지에 대해 아무런 결정을 하지 말고 기다려 보라고 했다. 6개월 정도 해보고도 안 되면 자진해서 지사 문을 닫고 사표를 내겠다는 심정으로 마음의 배수진을 쳤다. 어찌되었든 이란에서의 비즈니스가 시작되었다.

이란 사람들이 현지 한국인 주재원들을 어떻게 생각하고 있을까? 평소 위트가 있고 상대방 특징을 잘 파악하는 친한 이란 친구가 우리 사무실을 방문해서 내게 말했다.

"만약 해외에 파견된 두 주재원이 길을 걷다 땅 위에 떨어진 보석을 발견했습니다. 자, 일본 사람, 이란 사람, 한국 사람 이렇게 세 나라 사람들에게 동시에 같은 상황이 되었습니다. 그렇다면 과연 다들 어떻게 할까요?"

언뜻 생각이 나지 않는 표정을 짓자 그가 답했다. 일본 사람들이라면 속이야 어떻든 겉으로는 '도조~도조~'하면서 서로 가지라는 시늉을 할 것이며, 다혈질의 이란 사람들은 서로 가지려고 주먹다짐을 힐 것이라고 했다. 흥미로운 답이었고 적당히 공감이 되기도 했다. 그럼 한국 주재원들은 어떻게 할 거라고 이란 사람들은 생각하고 있을까? 생각지도 못한 답을 꺼내 놓았다.

"한국 주재원들은 아마도 본사에 메일을 보낼 겁니다. 사실을 보고하고 누가 가질까요라는 것도 본사에 물어 볼 겁니다."

그 말에 웃음이 크게 터져 버렸다. 내 웃음 속에는 큰 공감이 들어 있었다. 일과가 끝나고 저녁시간이 되어 내게 전화를 해보면 어김없이 사무실에서 그날 활동과 미팅 내역을 본사에 보고하기 위해서 부서별 보고서를 작성하던 나와 다른 회사 주재원들을 지켜봐온 그들이 우리를 그렇게 보는 것이 당연했고 그 위트 있는 표현에 놀라기도 했다. 이를 듣고 한참 웃다가 다른 이야기를 이어갔다. 한참 서로 재미있는 이야기를 주고받다 아차, 하고는 잠시 자리에서 일어났다. 서울의 본사에 팩스를 보내야 하는 일이 문득 기억나서였다. 무슨 일이냐고 묻기에 본사에 보고할 서류가 있다고 했더니 그가 박장대소하며 웃었다. 그들의 웃음을 보다 다시 아차, 싶었다.

"당신은 한국 사람이 맞습니다. 당신은 분명 한국 주재원입니다."

"그렇군요. 나도 한국 사람인 줄 잊어버렸는데 뭐든지 보고를 하려고 하는 걸 보니 내가 한국 주재원이 맞긴 맞나봅니다."

나의 너스레에 그는 더 크게 웃기 시작했다. 그렇게 한참 서로를 바라보며 웃었다. 그들이 본 주재원들은 그랬고, 당신들이 본 바가 정답이라고 확인해준 셈이었다.

이처럼 한국 대기업들은 비즈니스에 있어서 보고체계가 비교적 잘 갖춰져 있다. 직원들이 시장상황을 조사하고 조사한 바를 정리해 보고하면 검토를 하고 검토가 끝나면 보고를 받은 간부들이 다음 행동을 결정해 다시 지시를 내리는 식, 그것이 우리에게 익숙한 회사의 사업진행체계다. 또 대부분 보고하고 검토하는 과정이 10 중에 8이라면 결정하기까지의 과정은 길어야 2에 속한다. 준비하는 과정이 훨씬 오래 걸리는 걸 우리는 당연하다고 여긴다.

그렇다면 이란의 사업진행체계는 어떨까? 이란도 사업의 진행체계는 우리와 비슷하다. 그런데 우리와는 다른 부분이 있다. 이를 잘 알고 있어야 이란에서의 낭패를 조금은 줄일 수 있을 것이다.

'잘 되던 것이 안 될 수 있다.'

'잘 흐르던 물이 막힐 수 있다.'

'감투는 그대로인데 감투를 쓴 사람은 자주 바뀌고 그 사람 생각에 따라 이전과는 판이한 결정이 난다.'

이란에서는 명심 또 명심해야 하는 말이다. 잘 되던 일이야 늘 안될 수 있지 않느냐 할 것이다. 그렇다. 어떤 일이든 뜻하는 대로만될 수는 없기 때문이다. 그런데 그저 내가 부족한 사유로 일이 잘안 되는 것이 아니다. 전혀 문제없이 진행이 되고, 말 그대로 이제사인만 받으면 되는 순간에 일이 어긋나 버린다면 어떻겠는가. 이런 일이 우리나라와 달리 이란에서는 비일비재 하다는 것이다. 그들은 그것을 과히 이상하다고 여기지도 않는다. 우리에게는 큰 문제인데 그들은 그것이 문제라고 여기지도 않는다.

왜 그리 되었을까? 그들의 경제는 우리나라 경제체계와 달리 국가가 80퍼센트 이상을 직간접적으로 관리하고 있다. 즉, 국가에서 대부분의 결정권을 갖고 있다는 말이다. 말 그대로 장관이라도 바뀌면 하루아침에 관련업계 기업의 CEO가 80퍼센트 이상 바뀌어 버리는 식이다. 정도의 차이는 있지만 우리의 사기업들은 정치와는 별로 무관하고 공기업도 수장이 바뀐다고 그렇게 엄청난 정책 변화가 생기지는 않지 않은가? 이란은 다르다. 감투는 그대로인데 감투를 쓴 사람이 바뀌면 의사결정 내역이 종전과는 판이하게 바뀌는 경우가 비일비재하다.

주요 결정권자들이 수시로 바뀌는 구조다보니 뭔가 성사가 되어 이제 사인만 하면 되는 상황에서 찾아가면 듣게 되는 흔한 답이 "책임자가 혹은 담당자가 바뀌었습니다"이다. 한껏 신나게 일하고 큰 성과를 거두게 되었다고 무작정 멍석을 깔고 춤출 준비를 했다가는 말 그대로 큰코다치게 된다는 말이다. 통장이나 지갑으로 돈이 들어오기 전까지는 절대 내 돈이 될 수 없는 것과 마찬가지다.

"지난 번 책임자와 이야기를 나누었습니다. 모두 다 된다고 들었습니다만."

"지난 번 책임자는 지금 안 계십니다. 책임자가 다른 분으로 바뀌었거든요."

"책임자 분께서 사인만 해주시면 됩니다."

"현재의 책임자는 그 사실을 모르고 계십니다. 다시 보고서를 올려주십시오."

처음 이란에서 이런 식의 이야기를 주고받았던 게 한두 번이 아니었다. 한참 뭔가에 대해 그러하기로 해 놓고는 일을 추진하고 달려가 보면 책임자가 떡하니 다른 사람으로 교체되어 있는 것이다. 우리말로 비유하자면 그렇게 몇 번이나 물을 먹었는지 모른다. 그러니 시작은 여러 번 했음에도 좀체 진행이 안 되었던 것이다. 시작도 미약했는데, 조금 시간이 지나도 미약하기는 마찬가지였다.

이란이라는 나라도 만만치 않았고 결정도 만만치 않았다. 하지만 열 번 넘어지면 넘어지지 않는 법도 자연스럽게 터득하게 되는 법이다. 열 번째 넘어졌을 때 다음에는 처음으로 돌아가지 않는 법을 배웠다.

이렇게 하다가는 절대로 성과를 거둘 수 없는 노릇이었다. 시작은 미약하였으니 나중은 창대까지는 아니더라도 본전은 해야 체면은 덜 구겨질 것이 아닌가 말이다. 이란에서는 완벽한 조사와 파악 후 행동이라는 것은 결국 일은 안 하겠다는 말과 같다. 즉 어느 정도의 파악으로 방향을 잡은 후 행동을 결정하고 그 행동이 가능할 때 살필 것 없이 곧바로 시행해 버리는 게 방법이었다. 이란은 결정권자가 수시로 바뀌고 해당 조직 내 정책도 자주 바뀌기 때문에 행동이 민첩해야만 성과를 낼 수 있다. 자칫하다가는 1년 내내 보고만 주야장천 할 수 있다는 걸 명심 또 명심해야 한다.

STOP

이란 사람들의 저축률은 생각보다 매우 높다. 저축이 습관화된 데에는 은행의 정기예금 금리가 연 20%대로 엄청나게 높은 것에 기인한다. 이란은 소비율도 높지만 저축률도 높은 특별한 국가이다. 요즘에는 현금자동출금기가 늘어나고 있고 이전에 비해서 이용률도 늘어나고 있는 추세다. 하지만 저축이 습관화된 이란 사람들의 은행출입은 여전히 매우 잦은 편에 속한다.

호미와 삽자루를 들다

앞으로 가자니 낭떠러지였고 뒤돌아서기엔 이미 너무 멀리 온 상황이었다. 하지만 낭떠러지에 서 있으면 방법은 두 가지가 아니겠는가. 그냥 낭떠러지 아래로 떨어져 버리던지 아니면 용감하게 뒤돌아서 다시 밀고 앞으로 전진해 나가던지.

처음부터 그곳은 낭떠러지라는 것을 알고 출발했다. 그러니 다 포기하고 뛰어내릴 생각은 애초에 하지 않았다. '모'아니면 '도'라는 각오였다. '도'가 되었든 '모'가 되었든 일단 윷을 하늘로 띄워야 할 게 아닌가.

달나라에 가도 농사를 지을 거라더니 달나라 반의반도 안 되는 이란에서 삽질도 못하고 그냥 돌아온 거냐는 말을 들을 수는 없었다. 투트랙 전략을 세웠다. 일단 그래노 하나 남은 주력 품목인 타이어코드 고정거래처를 두 곳에서 적어도 다섯 곳 이상으로 늘리면 연간 200억 원 판매가 가능해 일단 지사 존재의 이유를 확보할 수 있었다. 그리고 한 가지 품목으로 승부를 걸기에는 너무 위험부담이 커 다른 주력 품목을 동시에 개발해 나가자는 목표를 세웠다.

"장사가 된다면 무엇이든 판다!"

상사맨에게는 가장 위대한 철학이다. 하지만 물건을 거래함에 있어서 돈은 두 번째라는 것을 경험을 통해 잘 알고 있었다. 어느 곳이든 돈보다 사람이 늘 우위에 있다는 당연한 진리를 잊은 적은 없었다. 사람 나고 돈 났지 돈 나고 사람 난 것이 아니라는 말은 우리나라에서만 통용되는 말이 아니었다. 제 아무리 갖가지의 제품을 내어 놓더라도 나의 사람으로 만들지 못하면 그들은 콧방귀도 뀌려하지 않았다. 우선 신뢰를 쌓는 것이 보다 중요했다. 이란으로 날아간 달나라 농사꾼, 드디어 삽자루를 집어 들었다.

'좋다! 삽질 시작이다!'

상사맨은 일단 사람들을 많이 알아야 한다. 사람도 모르면서 제품을 팔 생각을 한다면 얼마나 어리석은 짓인가. 그럼 국회의원 후보처럼 숱하게 인사를 하고 다니면 될 것이 아닌가. 여기서 안다는 것의 의미가 매우 중요하겠다. 사람이 사람을 안다는 것은 무엇일까? 사람이 사람을 안다는 것은 얼굴을 안다는 의미가 아니다. 상대가 나에게 뭔가 해줄 수 있을 때, 내가 상대를 위해 뭔가 해줄 수 있을 때 실로 아는 것이다.

장사꾼에게 아는 사람은 누구일까? 장사꾼에게 아는 사람은 제품을 구매해 줄 수 있는 사람이다. 나는 장사꾼이다. 더 큰 장사꾼이 되기를 날마다 소망했다. 얼마나 큰 장사꾼이 되고 싶었으면 겁도 없이 페르시아 상인들의 후손들이 떡하니 버티고 있는 이란으로까지 날아갔겠는가. 멋들어지게 장사를 하고 싶었지만 말 그대로 그곳에는 내가 아는 사람, 나를 아는 사람이 전혀 없었다.

아는 사람을 만들어야만 했다. 무엇이든 필요한 것이 없을 땐, 방법은 하나다. 스스로 만들면 되는 거다! 알고 보면 단순한 문제인데 복잡하게 해결하려고 하니 꼬이고 꼬이다 자기 꾀에 자기가 넘어가는 것이다.

나를 아는 사람, 내가 아는 사람을 많이 만들면 만들수록 장사라는 게임은 쉬워지고 제법 내가 이기는 놀이가 될 수 있다. 장사의 매력은 거기서부터 시작이다. 바삭한 튀김은 먹을 때도 맛있지만 팔팔 끓는 기름에 재료가 들어가는 순간 '칙'하며 튀겨지는 소리가 들려올 때 매력적이지 않은가. 장사도 마찬가지다. 아직 제품은 구매하지 않았지만, 상대는 이제 내 사람이다 싶어지는 순간 펄펄 끓고 있는 열정에서 '칙' 소리가 들려오는 것이다.

이란에서 아는 사람을 한 명 두 명 채워가기 시작했다. 소개하려는 제품에 대해서 첫째 관심을 가진 사람이라야 할 것, 둘째 그 제품을 구매해줄 수 있는 기반을 갖춘 사람이거나 연계성을 충분히 두고 있는 사람이라야 할 것, 그 사람들을 반드시 나와 아는 사람으로 만들어야만 했다.

"언제 저녁 같이 해요."

웃으며 식사 하자는데 매정하게 거절하는 사람은 어디에도 없는 법이다.

"네, 같이 식사해요."

우리나라도 그렇지만 누군가와 함께 식사를 한다는 것은 친밀도를 높이는데 매우 유용하다. 이란도 마찬가지다. 웃으며 함께 밥을 먹자고 제안하는데 찡그리는 사람은 이란에도 역시 없다. 친화성을 높이는 것은 생각보다 어쩌면 단순하다. 그 단순함을 얼마나 오래 유지하느냐가 관건일 뿐이다.

나는 일단 보다 더 많은 사람들을 알기 위해, 보다 더 많은 사람에게 나를 알리기 위해 현지인들과 하루 한 끼는 반드시 함께 나눈다 생각했다. 그리고 이를 실행에 옮겼다.

'날씨가 참 덥습니다. 이렇게 더운 날은 어떻게 견디십니까?'에서 시작한 안부는 말했듯이 제법 길어진다. 이란의 인사법을 알았으니 처음 그들을 흉내 냈다. 나 역시 긴 안부를 물으며 상대의 안녕을 염려해주기 시작했다. 그들 역시 습관대로 내게 긴 안부를 물었고, 그 긴 안부에 대한 답 속에는 작게는 가정사부터 한국의 소소한 생활상까지 포함시켰다. 제품 소개는 그 다음이었다. 이제 겨우 삽자루를 들었을 뿐이었다. 냉큼 땅을 파려고 덤비다가는 괜히 발등을 찍을 수도 있다. 그래서 서두르지 않았다.

그들은 세계 3대 상인이라 일컬어지는 페르시아 상인의 후예다. 그걸 단 한 번도 잊은 적이 없었다. 잊으면 안 되었다. 장사꾼에게 장사를 하러 갔으니 정신을 똑바로 차려야 했다. 호랑이 굴에 들어가기 전 정신일도 하사불성은 겨우 코스프레 수준일 뿐이다. 다행히 그들은 내 쪽으로 제법 무게를 두기 시작했다. 그렇게 한 번 두 번 반복되자 내게 어깨를 기대기도 하고 아예 제대로 맡겨볼까 은근히 떠보기도 했다. 시소의 무게가 내 쪽으로 한참 기울었다고 판단되었다.

타이밍이 중요했다. 조심스럽게 멍석을 깔기 시작했다. 허나 그들이 누구던가. 페르시아 상인들의 후예란 타이틀을 가진 민족이 아니던가. 제 아무리 철저히 준비를 했다 한들 그들은 자신의 모습을 쉬이 드러내지 않는 사람들이다. 아차, 하는 순간 시소는 다시 그들에게 무게 중심을 내주었다. 그들은 쉬이 불만을 쏟아냈으며 작은 흠에도 크게 반응했다. 하지만 그럴 때마다 내가 서 있는 곳은 호랑이 굴이라는 생각을 떠올렸다. 더욱 정신을 바짝 차리려고 애를 썼다. 심호흡을 한 번 하고 다시 더 깊은 굴속으로 들어갔다. 그들이 찾아오라면 다시 찾아가기를 반복했고, 마음에 들지 않는다면 마음에 들 때까지 몇 번이고 반복하며 그들이 만족할만한 상황을 만들어냈다. 그렇게 하루하루 이란에서의 시간이 흘러갔다. 이란에서 나를 알게 되는 사람도 한 사람 또 한 사람 늘어나기 시작했다. 아는 사람이 늘어나니 이란 사람들의 집에 방문을 해야 하는 경우도 차츰 늘어나기 시작했다.

현관문으로 다가가 긴장한 모습으로 문을 두드렸다. 나의 손에는 꽃이 들려 있었다. 문을 열고 들어서며 꽃다발을 안겼더니 어떻게 알았느냐며 좋아했다. 꽃이 좋은 것보다 이란의 인사법을 알고 예절을 지키려고 애를 쓴 모습에 감동하는 모습이었다. 음식을 준비한 사람에게 반드시 노고에 대해 인사하는 것도 잊어서는 안 된다는 것도 숙지한 상황이었다. 음식을 먹기 전에 감탄하는 표정을 지으며 행복한 표정을 지었더니 역시나 감동하는 표정이었다. 그렇게 하나둘 이란 사람들은 나의 친구가 되어 갔다.

본격적으로 장사라는 게임이 시작된다. 플레이어는 과연 나뿐인가. 그렇지 않다. 장사라는 게임은 모름지기 사려는 사람과의 일대일 게임이다. 혼자 하는 게임이 아니니 외롭다고 칭얼댈 것도 없다. 장사는 고로 매우 매력적인 게임이다. 룰이 정해졌으니 엔터를 누르고 작전지역으로 향한다. 내가 당신들의 지역으로 침범했다고 제법 큰 소리로 알리며 게임은 시작된다.

자, 이란에서 나의 장사게임이 그렇게 시작되었다.

믿음부터 팔아라

　드라마 〈미생〉이 대한민국을 강타하면서 상사맨의 애환을 사람들이 제법 알게 되었다. 하지만 종합상사라는 타이틀을 가진 회사라는 건 알겠는데 좀 더 자세히는 파악하지 못한 것인지 언젠가 드라마를 보고 누군가 내게 이런 질문을 해왔다.

　"드라마에서 보니 장그래가 동료들로부터 따돌림을 당하기 시작하는 장면이 나오는데 그 장면에서 보니 밤새 젓갈을 정리하고 들춰내는 장면이 나왔습니다. 그래서 상사맨은 젓갈을 판매하는 사람인가 싶었는데 또 보니 이후에는 다른 제품들을 어떻게 판매하고 물류가 어떻고 하는 장면이 등장하더라고요. 또 양말을 팔아 보라며 밖으로 장그래와 동료를 내보내는 장면도 나오던데, 대체 상사맨은 뭔가요?"

　그 물음에 이렇게 답했다.

"본 그대로입니다. 다 팝니다."

"다 팔아요?"

"그렇습니다. 상사맨은 뭐든 다 팝니다."

누누이 이야기 해왔지만, 상사맨은 돈이 되는 것은 뭐든지 파는 사람이다.

처음, 이란으로 갔을 때, 이란 사람들은 '저놈 대체 뭐하는 놈일까?' 했고 한국에서 나를 이란으로 보낸 분들은 '저놈 과연 뭘 해낼까' 했다. '하긴 뭘 해. 장사꾼인데 실컷 팔아야지!'

1998년, 이란의 무더운 여름 속에 한국에서 날아온 신참내기 장사꾼이 동분서주하기 시작했다. 하나둘 나를 아는 사람들이 이란에서 늘어가기 시작했을 무렵이었다. 주력 품목인 타이어코드를 원자재로 사용하는 이란 전국의 10여 개 타이어 제조공장들을 하루가 멀다하고 방문하면서 파고들자 드디어 우리 제품에 관심을 가진 사람들이 하나둘 늘어나기 시작했다. 하지만 그렇다고 무작정 '당신들이 내놓은 제품을 사겠습니다'하는 사람은 없었다. 기존에 공급하던 경쟁사들과의 밀착관계도 있었고 그들과 연계된 공장 내부인사들의 방해도 슬슬 나타나기 시작했다. 반대파들은 이번에 온 코오롱지사장은 미친놈처럼 여기저기 오만 군데에 다 달라붙고 박대해도 꿈적하지 않고 또 찾아오고 대놓고 욕을 해도 실실 웃는 이상한 놈이라는 식으로 나를 묘사했단다. 굴하지 않고 가리지 않고 업계 관련자들과 기회만 되면 여기저기서 자주 식사 초대도 하고 했으니 소위 밥 얻어먹은 사람들 모두 내 편을 들어주고 내 쪽으로 좀 넘어와 주면 좋으련만 산 넘으니 바다였다.

당시 이란에는 물품이 귀해 우리에게는 하찮을 수 있는 중저가의 손목시계며 탁상시계, 만년필 등 소소한 것들도 흔치 않은 시절이었다. 그래서 생각해낸 것이 한국을 방문하는 지인들 편이나 본사 출장자 편에 부탁해서 하나에 5,000원, 만 원하는 자그마한 선물들을 100개, 200개씩 준비했다.

지금 생각해보니 타상사 주재원들도 그런 기념품들을 거래처 구매담당자에게 증정하곤 했었겠지만 나는 다른 사람들과는 완전 다른 방법으로 이를 선물했다. 공장을 방문하면 정문에서 만나는 수위부터 먼저 하나를 건네고 생산라인에서 막일을 하는 직원들부터 실제로 중요한 영업대상인 구매 관련 직원들 그리고 실험실 직원 등 가리지 않고 방문시 나와 눈을 마주치는 거의 모든 직원들에게 미소와 함께 회사의 로고가 찍힌 중저가 기념품들을 건네곤 했다. 그렇게 6개월, 1년이 지나자 방문하는 공장에서 나와 눈이 마주치는 사람은 행운을 받게 되는 일명 '코오롱 산타클로스'가 되어있었다.

비싼 시계가 아니어도 좋았다. 보기에 화들짝 놀랄 만큼 수려하거나 큰 것이 아니라도 좋았다. 웃으며 건네는 작은 선물에 뺨을 때릴 사람은 이란에도 없다. 웃는 얼굴에는 어느 나라도 침을 뱉지 않는 법이다. 작은 선물을 건네면 그들은 내내 나를 기억했다. 그렇게 작은 선물은 진심으로 통했고 그들은 나의 진심을 알아주기 시작했다. 이렇게 1년, 2년이 지나자 놀라운 변화가 있었다. 우리 회사에서 납품한 제품에는 클레임이 없어졌다. 무슨 말인고 하면 해당 공장 생산라인의 직원들은 우리 회사 제품에 다소의 품질 문제가 생겨도 이를 군소리 없이 사용하거나 심지어는 타사 제품에 섞어 사용해서 품질 문제를 덮어 버리거나 실험실의 직원들은 원자재 품질 검사에서 우리 제품이 표준치를 만족 못하면 합격이 될 때까지 다시 실험해서 그 성적을 기재해 주는 식이었다. 이러다보니 우리 제품은 실제로 클레임으로 이어지지는 않게 된 것이다. 마법 같은 일이 생기게 된 것이다.

내가 근무하던 우리 회사의 테헤란지사에 한국 직원은 나 혼자였다. 쓰러지면 옆에서 부축해주고 일으켜 줄 사람이 없었다. 뭐든 셀프비즈니스였다. 그래서 힘들었고 그래서 제법 근사했다. 홀로의 싸움은 힘겹지만 상당히 매력적이지 않은가. 바통터치 할 수 없는 전력질주 노선, 그렇게 날마다 출발선에 홀로 서야 했다. 밀어주는 사람도 당겨주는 사람도 없는 곳, 신호가 울리면 온 힘을 다해 달려가곤 했다. 땀범벅이 되어 도달한 결승선에서는 웃는 날보다 힘든 날이 더 많았다. 하지만 그래도 쉬지 않고 날마다 출발선에 다시 섰다.

한국에서 친화력만큼은 늘 칭찬을 듣던 편이었다. 누구와도 이내 친해졌고 소탈한 성격의 나와 친구가 되기를 원하는 사람들도 제법 있었다. 이런 친화력은 이란에서도 소위 제법 먹혀들었다. 사람 간의 관계에서 친화력보다 더 큰 무기는 없었다. 자주 식사를 하며 내 편이 되기 시작한 사람들에게 작은 선물을 건네고 더 많은 친밀감을 주기 시작했다. 그들은 서서히 마음을 열기 시작했다.

이런 변화가 매출 폭발의 마술을 부리지는 않았지만 시동이 걸려서 서서히 다른 성과를 보이다가 어느 순간에 이르면 놀랄만한 결과를 만들었다. 그 즈음 이란 업계에서는 내게 홍콩배우 성룡영문이름 '재키찬'을 닮았다며 한국에서 온 성룡이라고 친근감을 표하기도 했다. 그래서 어느덧 나는 '영훈정'으로 불리지 않고 '재키정'으로 업계에서 불리기 시작했다(성룡을 닮았다는 것은 온전히 그들의 생각이지 나의 생각은 아니니 오해는 없기를 바라는 마음이다!).

6개월, 1년이 지나자 그 결과가 서서히 빛을 뿜어내기 시작했다. 호랑이를 잡으려고 굴에 들어가 정신을 바짝 차린 결과였다. 서서히 호랑이가 잡히기 시작했다. 한 마리 두 마리 잡아들이다보니 두려움은 온데간데없었다. 역시 세상에서 가장 큰 재산은 사람이었다.

"코오롱상사에서 권하는 제품을 구매하겠습니다."

구매의사보다 더 기쁜 말이 있었다.

"한국의 코오롱상사가 권하는 제품은 품질이 우수합니다."

특히 우리나라에서 생산되는 제품을 우수하다고 인정해 줄 때는 마치 내가 큰 애국자라도 된 양 기뻤다. 국위선양이 별건가. 나로 인해 국가적 위상이 높아진다면 그게 바로 국위선양이 아니겠는가. 나는 상사맨이니 올림픽 금메달은 애초에 딸 수가 없는 운명이 아니던가. 그러니 우리나라의 좋은 제품을 세계에서 인정받게 하고 수출증대를 하면 올림픽 금메달보다 못할게 무엇인가. 그런데 그보다 더 기쁜 말이 있었다. 지금도 내가 가장 좋아하는 말이며 앞으로도 영원히 듣기 원하는 말이다.

"우리는 한국제품도 좋아하지만, 그보다도 당신을 더 믿고 좋아합니다. 당신이 소개한 제품이라서 믿고 구매할 수 있습니다."

그 말을 듣던 순간에는 가슴이 너무도 벅차서 답도 하지 못했다. 뜨거운 열정이 '칙'소리를 내기 시작했고 그 소리가 점점 더 커져가기 시작한 것이다.

매출규모가 연간 60억 원으로 문을 닫느냐 마느냐 하던 지사에서, 한국에서 이란이라는 불모지로 건너간 달나라 농사꾼이 결국 사고를 치기 시작한 것이다.

한 삽 흙을 떠낸 농부는 씨앗을 구덩이에 넣고는 따듯하게 품으라며 흙에게 부탁하고 내내 정성을 다한다. 쉬이 싹이 트일 거라며 서두르는 짓도 하지 않는다. 그저 묵묵히 날마다 물을 주며 하루하루를 인내한다. 그러다 어느 아침 휙 하고 흙을 헤치며 새어 나온 파란 잎을 발견한다. 달나라 농사꾼은 그래도 삽을 놓을 생각이 없다. 아니 그래서 삽을 놓을 수가 없다. 멀리 수레가 보인다. 이제 수확할 날을 기대하지만 역시 서두르지 않는다. 그건 내가 다짐한 철학에서 멀다. 나는 좀체 서두르지 않지만 역시 삽은 내려놓을 생각이 없다.

한번 물고가 트이자 서서히 일이 풀리기 시작했다. 인수 받을 때 대표품목인 타이어코드는 두 군데 거래처에 불과 했는데 세 군데, 네 군데로 계속 늘어났고, 제자리만 맴돌던 판매가 처음으로 상승곡선을 타기 시작했다.

처음 이란으로 갔을 때 '저놈 대체 뭐하는 놈일까' 했던 이란 사람들이 '괜히 멋져 보이는 장사꾼'으로 보기 시작했고 '저놈 과연 뭘 해낼까'하고 한국에서 이란으로 나를 보낸 분들은 '괜히 걱정 한 놈'으로 보기 시작했다.

새로운 거래처가 생겨나니 그 거래처의 소개로 또 다른 거래처가 연결되기 시작했다. 기술자들의 기술력이 한국보다 낮은 이란의 제조공장들에서는 완제품에 하자가 생길까봐 좀처럼 원자재를 바꾸려고 하지 않지만 거꾸로 말하면 일단 구매를 해서 문제가 없다는 것이 확인되면 이후 후발 주자가 싼 값을 제시하더라도 그 제품으로 쉽게 바꾸지도 않아 더욱 고무적이었다. 이란 거래처들이 그 물고를 우리 제품의 경쟁력 있는 가격 때문만이 아닌 '재키정'이라는 사람 때문이라고 말하는 대목에서는 더욱 감동하지 않을 수가 없었다.

본래 상사주재원들은 파견 시 처음부터 가족을 동반하는데 나는 자진해서 가족 동반을 유보시켰었다. 곧 문을 닫을 수도 있는 지사라 부임 첫날부터 사업에 미쳐야 하는데 낯선 국가에서 애들 학교니 뭐니 해서 신경을 다른데 쓸 겨를이 없을 듯하기도 했고, 몇 개월을 부딪쳐 봐도 싹수가 보이지 않으면 항복하고 한국으로 돌아가겠다는 각오로 시작했기에 나 홀로를 택했었다. 뭔가 일이 되겠다는 시점에 서야 가족을 불렀다. 테헤란에 1998년 8월에 부임했지만 가족은 그해 11월 말이 다되어서 합류하게 되었다.

보통 대기업 상사에서 해외지사로 파견되면 4, 5년이면 본사로 돌아오는 것이 규정이고 관례. 상사회사 지원자들 대부분이 해외 주재원의 꿈을 갖고 입사하는데 그래야 골고루 해외 근무의 혜택을 나눌 수 있지 않겠는가? 나 역시 1987년 입사당시 한국에 증권투자 붐이 막 시작되어 상사보다 실제 연봉이 30퍼센트나 많은 증권회사 몇 군데에도 합격했지만 해외 근무의 꿈 때문에 상사를 택했었다. 이렇게 원칙대로 하면 나도 이란에서 근무를 시작한 것이 1998년이었으니 늦더라도 2003년쯤 되면 당연히 한국으로 돌아가게 될 거라고 여겼다. 하지만 나의 이란에서의 삶과 활동은 이후로 강산이 변한다는 10년을 훌쩍 넘어 무려 14년, 2012년 초까지 이어졌다.

뭐든 팔아야 살았다. 팔지 않으면 좀이 쑤셔 견딜 수가 없었다. 뭐든 팔기 위해 살았다. 팔리지 않으면 속이 상해 견딜 수가 없었다. 하나를 팔면 두 개를 팔아볼 욕심이 생겨 살았다. 그래야 내가 온전했다. 두 개를 팔면 덩어리로 팔아볼 요령이 생겨 살았다. 그래야 나다웠다. 덩어리를 팔면 '큰 장사꾼이네' 소리에 기분 좋아 실컷 팔고 싶어 살았다. 그게 상사맨이었다. 실컷 팔아보면 그 매력에 빠져 안 팔고는 못 배겨 결국 어디 또 팔 것 없나 살피며 살았다. 그게 나였다.

'그래, 나는 그때 이란의 장그래였다!'

기적이 시작되다

꽃이 피니 열매가 맺는 건 당연한 일이었다. 그 꽃을 피우기 위해 한국에서 날아온 소쩍새는 밤새 그렇게 울고 또 울었던 거다. 날이 밝으면 쉴 틈도 없이 날갯짓을 하며 그들의 소리에 장단을 맞추었고 날이 어두워지면 한숨 덜 자며 내일을 설계했다. 날개는 접을 틈도 없었다. 다시 아침이 되면 신나게 날아다녀야 했으니 말이다. 내내 꽃을 피웠던 나무에 열매가 하나둘 맺기 시작하더니 주렁주렁 탐스럽게 익기 시작한 것이다.

사람들은 한국에서 온 나를 적당히 인정해주다가 서로 거래를 하게 되면서 제법 인정해 주기 시작했고 그때부터는 확실히 인정을 하기 시작했다. 그렇게 1999년이 시작되었다. 성장의 가속도는 계속 이어졌다.

전년도 총매출이 60억 원이었던 지사매출이 상반기에 100억 원을 넘어서기 시작했다. 매일매일 새로운 거래처와의 계약에 대한 기대로 아침이 시작되었다. 연간 200억 원은 되어야 지사 존재의 이유가 있었는데 그해 말에는 결국 200억 원을 훌쩍 넘겨 전년대비 3배 이상의 성장을 거두었다.

불가능할 거라고 했다. 무작정 문을 닫을 수는 없으니 마지막으로 나를 보내보는 거라고도 했다. 안 되면 되게 하라는 그럴듯한 명분도 쉽게 명하지 않았었다. 그만큼 타이어코드라는 단일품목에 의존한 테헤란지사의 앞날은 큰 벽으로 막혀 뚫기 어렵다고 진단이 된 상태였다. 제 아무리 처방을 해도 낫지 않는 병, 불치병까지는 아니더라도 최고의 의사가 매달려도 고치기 힘들어 반포기를 해야만 하는 난치병과 같은 존재라고 여겼다. 그 난치병이 서서히 치료되기 시작한 것이다. 거기엔 뭐든 다 판다는 소신으로 매일같이 자신감이라는 커다란 삽을 들고 나서는 '재키정'이라는 농사꾼이 있었다. 한 번 삽을 떠올릴 때마다 땀방울이 비처럼 쏟아졌지만 결국 결실을 맺을 거라는 확신을 버린 적이 없었다. 농사꾼의 생각은 틀리지 않았다.

차라리 불모지라고 부르는 게 어쩌면 답일지 모른다고 하던 이란, 사람들은 그때부터 새로운 도약의 땅으로 이란을 보기 시작했다. 회사 내 모두에게 크게 관심을 받지 않았던 국가의 이미지가 한 장사꾼의 등장으로 인해 바뀌기 시작한 것이다. 이란에 대한 사업적 시각이 당초 매우 부정에서 적당 긍정으로 선회하다가는 결국 1999년 말이 되자 매우 긍정으로 바뀌어 있었다.

"이건 기적입니다. 당신이 기적을 만들어 냈습니다."

"이란에서 드디어 기적이 벌어지기 시작했습니다."

"불가능이란 없습니다. 기적은 반드시 일어납니다."

사람들은 내가 이란에서 기적을 만들어 냈다고 말했다. 그래, 나를 위한 찬사이며 언어적 대우이리라. 마치 절대 사막 한가운데에서 바다를 만난 것처럼 있을 수 없는 일이 벌어진 거라고 모두는 생각했다. 사람들의 칭송이 이어지는 것은 기쁜 일이었지만 한편으로는 속상하기도 했다. 내가 잘했다는데, 내가 아니면 할 수 없는 일이라고 칭송하는데 왜 아니 좋으랴. 허나 내가 이룬 성과가 그저 기적이라니, 그건 기적이 아닌 나의 피와 땀의 결과였다.

그곳은 한국에서 비행기로 10시간 가까이를 날아가야 겨우 도착하는 먼 타국이었다. 반대편에서 보면 나 역시 먼 타국에서 날아온 이방인일 뿐이었다. 먼 타국에서 찾아온 이방인을 쉬이 맞이하는 것이 어디 쉬운 일인가 말이다. 더군다나 나는 장사꾼이라는 꼬리표를 처음부터 달고 있었다. 아무리 보따리를 풀지 않았더라도, 내가 언젠가는 판을 펼치고 그 판 위에 이것저것 수많은 제품을 늘어놓으며 한번 골라보라고, 나는 먼 한국 땅에서 온 장사꾼이라고 소리 칠 거란 걸 그들이 몰랐을 리 없지 않은가.

불가능이란 없으니 기적은 반드시 일어난다는 표현도 했다. 아니다. 절대 아니다. 죽을 만큼의 노력이 없었다면 성과는 절대 일어날 수가 없다. 노력하지 않으면 무엇이든 불가능한 법이다. 불가능이 가능해질 수 있었던 건, 기적이 아닌 노력이었음을 확신한다.

해외에 나가보라. 각기 보고 자란 것이 다르니 생각이 다르고, 접한 것이 다르니 문화가 다르고, 예절에 대한 기준이 다르며 존재하는 모든 것들이 대부분 다를 수밖에 없다. 더군다나 서로 간의 소통이 쉽지 않다. 우리나라에 온 외국인을 보자. 제법 말을 배운지 한참 지나도 뭔가 어색하지 않던가. 소통의 부족함 속에서도 그들에게 제품을 팔아야 한다는 중압감, 그것을 결실로 만들어 낸 것은 그저 기적일 수는 없었다. 해외주재원으로 파견되면 특히 1인지사장으로 파견되면 팀을 이루어 일하는 본사 영업조직원에 비해서 본인의 능력을 가장 투명하게 회사와 동료들에게 보여줄 수 있는 절호의 기회다. 하지만 반대로 약점이 다 보이기 때문에 최대의 위기이기도 하다. 그래서 젊은 나이에 해외주재원으로 가면 다들 죽어라고 열심히 할 수밖에 없다. 그래서 열심보다는 뭔가 특별한 아이디어와 매력을 발휘하고 이를 실천해야 남들과 달라질 수 있다. 최근 한국에서 가장 인기를 누리고 있는 여자 골프 선수의 캐디백에는 '남달라'라고 새겨져 있나고 한다. 주재원도 '남달라'야 했다.

내가 그랬던 것 중에 하나의 예를 들어본다. 1999년 현지 타이어

관련 기술자들을 테헤란 현지 특급호텔에 모아놓고 기술 심포지엄을 열었다. 공장을 찾아다니는 일대일 영업으로는 만날 수 있는 사람숫자에 한계가 있었고 유럽과 일본제품에 비해서 한국의 기술 수준이 한수 아래일 것이라고 생각하는 이란기술자들을 사로잡을 이벤트가 필요하다는 생각에 이르렀기 때문이다. 당시 우리 지사에 타이어코드제품을 생산·공급하던 제조사에 이러한 본인의 아이디어를 제시하고 심포지엄에서 타이어 제조와 관련한 선진기술 동향 등을 발표할 연구소 연구원 및 기술자들 출장을 요청했다. 하지만 이란에서 그런 활동이 무슨 효과가 있겠느냐는 둥 초기반응은 기대 이하였다. 천신만고 끝에 테헤란 최고의 5성급 호텔에서 기술발표를 하고 뷔페식사까지 대접하며 기억에 남을 특수제작 탁상시계를 기념품으로 제작하여 200여 명의 참석자 전원에게 제공했다. 당시 이란에서는 이러한 이벤트가 흔한 일이 아니었다. 특히 타이어업계에서는 외국 원자재 공급사가 이러한 행사를 최초로 진행한 것이라고 다들 고마워했다. 그렇다 보니 후속 반응이 좋을 수밖에 없었다. 심포지엄이 성공리에 끝나자 이란 내 타이어업계 사람들 대부분이 멋있는 탁상시계를 집집마다 안겨준 '재키정'에 대해서 더욱더 호감을 가지기 시작했다는 말을 듣기 시작했다.

1999년 서울의 본사는 이란이라는 나라에 대해 이전과는 비교도 안 되는 관심을 갖기 시작했다. 안 되는 걸 반드시 되게 하라는 촌스러운 지시는 하지 않았지만, 안 될 수 있던 걸 되게 한 사람이라며 나에 대한 칭찬은 아끼지 않았다. 어린아이도 아닌데 칭찬을 들으니 고래처럼 춤이 절로 나왔다.

1999년, 결국 매출 200억 원을 상회하는 성과를 이뤄내며 한 해를 마무리하게 된다. 불과 1년 전만 하더라도 상상할 수도 없었던 성과를 이뤄냈다는 기쁨을 글로 표현하기는 역시 어렵다. 1999년 마지막 날, 다음날이면 2000년이었다. 연간 매출액을 200억 원, 미화로 약 2,000만 달러로 만들어 내고 2000년을 맞이하다니 신기한 일이 아닐 수가 없었다. 뭔가 특별한 걸 만들어 보이겠노라했던 약속이 새천년을 맞이하며 이뤄진 것이다.

처음 이란을 찾았던 때와는 위상이 달라진 걸 확인했다. 한국에 전화를 걸면 모두가 반가운 목소리뿐이었다. 하지만 잘 달리니 더 잘 달려보라며 행복한 부담을 안기기도 했다.

새천년의 약속 그리고 폭풍 속으로

사람은 욕심이라는 구덩이를 마음속에 파놓고 살아간다고 했다. 절대 불가능이라는 결과물을 만들어 내니 욕심의 구덩이가 점점 더 커져갔다. 그것은 나뿐만이 아니라 회사차원에서도 마찬가지였다. 당장 문을 닫아야 할지 말아야 할지 고민이라던 이란에서 매출이 급속도로 성장하자 나도 회사도 욕심의 구덩이를 더 깊이 파내기 시작했다.

"새천년, 2000년에는 이란에서 250억 원을 기대합니다."

나는 한껏 욕심의 구덩이를 한 삽 더 떠내보였다.

"아닙니다. 300억 원으로 목표를 올리겠습니다."

그게 가능하냐는 물음에 그리하겠노라고 무작정 웃으며 약속을 해버렸다. 60억 원에서 200억 원도 해냈는데 300억 원 정도야 뭐 어려울소냐. 애매한 중간은 싫었다. 화끈하게 300억 원으로 목표를 정해버려야 제법 장사꾼 같지 않은가. 그렇게 나와 가족들은 새천년을 이란에서 맞이했다.

매출이 성장했다고 해서, 목표치가 한껏 올랐다고 해서 달라질 것은 없었다. 직접 한국에 다녀오거나, 한국에 다녀오는 이들에게 부탁해 마련한 작은 선물을 거래처 사람들에게 전하는 것도 전과 다름없이 했고 함께 식사를 하는 것도 잊지 않았다. 한번 거래를 튼 곳과의 인연을 늘 소중하게 생각했다. 2000년, 200억 원으로 자리매김한 전년도 매출에서 더 성장세를 보이기 시작하면서 새천년에 대한 기대치는 한껏 높아졌다.

한국의 타이어코드공장도 새로운 성장시장 하나를 확보해서 덩달아 신이 난 상황이었고 모든 일들은 순조롭게 진행되었다. 웃어도 웃어도 웃음이 새어나왔다. 웃음을 어디에 숨겨야 할지 모를 지경이었다. 제 아무리 큰 비바람이 몰아쳐도 절대 쓰러지지 않을 것 같았다. 그렇게 새 천년의 첫해가 지나고 있었다.

매출 200억 원 고지를 넘고 새천년을 맞이하며 이룬 성과는 더욱 놀라웠다. 300억 원의 약속을 넘어 350억 원 매출이 달성되었다. 더욱 고무적인 것은 1998년 부임 시 두 군데 거래처로 겨우 연명하고 있었는데 2000년 말에는 거래하는 타이어공장 수가 어느덧 여덟 곳으로 늘어났다.

그렇게 수년 동안 신은 내 편이 되어 주었다. 나만 바라보며 내

곁에만 있어주는 것 같았다. 산을 넘어 바다를 만나는 동안, 바다를 건너 다시 산을 만나 헉헉거리는 동안, 그 산을 넘으니 수려한 꽃이 가득한 동산을 만끽할 때까지도 신은 나를 외면하지 않았다. 계속 이렇게만 가준다면 세상에서 가장 신나는 건 역시 인생이라는 단어였다.

그런데 신이 잠시 한눈을 판 것인지 내가 잠시 건방을 떤 것인지 전혀 예상치 못한 위기가 닥쳐왔다. 어느 순간 정신을 차리고 보니 수려한 꽃들은 바람에 한참 날아가 버린 상황이었다. 너른 들판에는 아무도 보이지 않았다. 혼자 두 팔을 벌린 채 닥쳐오는 찬바람을 맞이하고 서있었다.

거칠고 매서운 찬바람이 불어오고 있었다. 멀리서 불어오던 바람은 가까이 다가오며 그동안 쌓아두었던 모든 것들을 가져가려고 입을 크게 벌리고 있었다. 이건 꿈이라고 내가 뭔가 잘못 본 거라고 고래고래 소리를 쳐 보았지만 그 악몽은 깨어나지 않았다. 그러는 사이 거친 바람은 더욱 가까이 다가와 내 몸을 더 아프게 흔들어 댈 뿐이었다.

"그럴 리가 없어. 어떻게 그런 일이…."

그토록 승승장구하던 매출이 급속도로 하락의 길을 걷게 되었다. 새천년을 맞이하고 최고의 성장가도를 달리며 무려 350억 원이라는 성과를 이루고 난 다음해였다.

꿈같던 2년여의 세월을 보내고 2001년이 밝아왔다. 3월의 꽃피는 화창한 어느 봄날에 본사에서 다급한 전화가 걸려왔다.

"뭐라고?"

"불이 났습니다."

"불이 나다니. 그게 무슨 말입니까?"

"지금 타이어코드공장에 불이 났습니다."

"지금 뭐라고 했습니까? 다시 한 번 말씀해보세요."

"타이어코드공장에 불이 나서 진압 중입니다."

"그게 사실입니까? 어떻게, 대체 어떻게…."

다시 물어보았지만 같은 대답만 들려왔다. 수화기를 내려놓으며 자리에 주저앉았다. 온 몸에 힘이 빠져버리는 것만 같았다.

'불이라니, 불이 나버렸다니. 그것도 타이어코드공장에 ….'

당시 지사 매출의 90퍼센트 이상을 차지하고 있었고 이란 내 10여 군데의 타이어공장에서 우리에게 주문을 해놓아 선적 날짜만 기다리고 있는 상황에서 불이 났다는 연락이 온 것이다. 믿을 수 없는 일이었다. 몇 차례 다시 확인하는 동안에도 불은 꺼질 기미가 보이지 않는다고 했다. 검은 연기가 하늘로 치솟아 오르는 게 멀리서도 보일 지경이라고 했다. 할 수만 있다면 당장 한국으로 날아가 공장에 난 불을 끄고 싶었다.

'제발, 제발.'

하지만 멀리 이국땅에 있는 내가 할 수 있는 것은 아무것도 없었다. 그저 두 손을 모으고 어서 화재가 진압되기만을 기다리는 게 최선일 뿐이었다. 조금 안정을 취하고 다시 전화를 걸어 보아도 불길은 그대로라고 했다. 어마어마한 불길이 공장을 덮친 지 한참인데도 좀처럼 불길은 잡히지 않는다고 했다. 다시 발을 동동 굴러보았지만 소용없는 일이었다. 아닐 거라고, 조금 지나면 모든 불이 꺼지고 다시 원래 상태로 되돌아 올 거라고 마음을 다독여 보았지만 밀려드는 걱정은 사라지지 않았다. 하필 그때 전화가 걸려왔다. 우리에게 주문을 해놓은 타이어공장 구매과장의 전화였다.

"생산중인 제품은 언제 선적합니까? 그리고 추가 주문에 대해서 협의하고 싶습니다."

말하지 않을 수가 없는 상황이었다. 하는 수없이 지금 타이어코드공장에 불이 났노라고, 그래서 수습중이라고, 그래서 지금은 어떻게 답을 해야 할지 모르겠다고 솔직하게 답했다.

"공장에 불이 났다는 말입니까?"

"그렇습니다. 하지만 불은 곧 꺼질 것입니다. 연락드리겠습니다."

때도 잘 맞추지, 그 전화를 끊자마자 또 다른 업체에서도 신호를 보냈다. 고민하다가는 용기를 내어 전화를 받았다. 같은 말을 반복했다.

"지금 타이어코드공장에 불이 났습니다."

불은 타이어코드공장을 완전히 태워버리고는 제 모습을 감췄노라고 했다. 어찌되었건 불이 꺼졌다니 다행이었다. 하지만 들려오는 대답은 너무도 암담했다.

"이란에서 사용하는 타이어코드제품은 당분간 생산이 어려울듯합니다."

"그게 무슨 말입니까. 불이 꺼졌다면서요."

"그렇긴 합니다만, 지금 현재 …."

불은 가까스로 꺼졌지만, 선적해야하는 제품들의 포장과 컨테이너탑재가 한창이어야 할 상황이었다. 하루아침에 불이 난 공장을 뚝딱하고 만들어내지 않는 한 어떤 방법도 생길 수가 없었다. 긴 한숨이 절로 새어나왔다. 전날까지도 직원들이 신난 표정으로 제품을 포장하고 있었노라고 했다. 하지만 다시 확인을 해보아도 그것은 현실이었다.

"불가능합니다. 지금은 모두 불가능한 일입니다."

"어떻게 좀 해보세요. 타이어코드는 우리 지사의 전부입니다. 아시지 않습니까?"

"그건 저희도 마찬가지입니다. 아시잖아요. 지금은 도저히 불가능합니다."

전화를 끊고 나서 다시 자리에 주저앉았다. 전화벨이 울려댔지만 받을 수가 없었다. 몇 년 동안 이란에서 일궈낸 성과가 하루아침에 와르르 무너져 내리는 것만 같았다. 가도 소용없는 일인데 당장 한국으로 날아가면 뭔가 해결 될지 모른다는 어리석은 생각이 떠올랐다. 순간 활활 타오르는 공장의 불길이 눈앞에서 아른 거렸다. 눈을 질끈 감았다. 캄캄했다. 앞날도 왠지 모르게 캄캄해질 것만 같았다. 두려움이 엄습해 오기 시작했다.

한국에서는 공장이 까맣게 타버렸고 이란에 있던 내 마음도 까맣게 타들어가 버렸다. 더 큰 미래를 꿈꾸던 부푼 꿈도 함께 타버렸다.

'이렇게 다시 꿈을 접어야만 하는 것일까?'

내려만 가는 계단

불이 났노라고 했다. 큰 불, 아주 큰 불이 났노라고 했다. 소방차가 달려와서 물을 뿌려대고 온갖 노력을 해보았지만 소용이 없었노라고 했다. 불길이 하늘로 치솟고 검은 연기가 하늘을 결국 점령해 버렸노라고 했다. 사람들이 발을 동동 구르며 온갖 짓을 다 해보았지만 별 수 없었노라고 했다.

그러했느냐고 하고 싶었다. 그렇게 애를 써보았는데도 안 되었던 거냐고 하고 싶었다. 나는 이곳에서 온갖 애를 써보았더니 다 안 된다던 것도 결국 할 수 있었고 불가능하다던 일도 결국 이뤄냈는데, 왜 큰 불은, 겨우 큰 불 따위는 온갖 짓을 다 해보았는데도 결국 끄지 못한 거냐고 고래고래 소리치고 싶었다. 그러면 판타지 영화처럼 혹시 며칠 전이 모습 그대로 되돌아가 있을지 모른다고 생각했다. 그런데 소리칠 수가 없었다. 멀리에서 사이렌 소리가 들려오는 것만 같아서였다.

사이렌소리를 울리며 화재진압을 하러 가는 소방차를 볼 때면 늘 나와는 무관한 일이라고 생각되었는데 당하고 보니 그게 아니었다. 텔레비전에서 큰 공장에 불이 난 모습을 보면 남의 일이려니, 말 그대로 불구경을 할 뿐이었는데 내가 직접 당하고 보니 역시 그게 아니었다. 이란의 거래처에서 걸려오는 전화에도 불이 난 상황이었다. 전에는 그토록 신나게 들리던 전화벨 소리가 두려워지기 시작했다. 그저 한국에서 난 불은 수습되었고 상태를 직접 볼 수 없으니 답을 기다리는 중이라고만 했다.

어떻게 잠이 든 것인지도 알 수 없었다. 깨어보니 전날 그대로의 모습이었다. 몸이 부서질 듯 견딜 수 없이 아파왔다. 당장 깨기 직전까지 보았던 일들은 모두 거짓말이라고 누군가 다가와 말해주기를 바랐건만 하루가 지나도 현실은 달라진 것이 없었다. 벽에 걸린 거울 속의 내 모습을 바라보았다. 기운이 하나도 없어 보이는 얼굴, 너무 허탈해 웃음도 나지 않는 건조한 표정은 당장의 현실을 그대로 말해주고 있었다.

'힘내, 넌 달나라 농사꾼이야. 잊었어?'

'뭐해, 어서 삽을 들지 않고.'

애써 웃어 보려 해도 처한 현실의 무게가 너무 커 일어설 용기가 생기지 않았다. 마음속 멀리서 삐걱거리는 소리가 들려왔다. 몸속의 뼈들이 하나씩 흩어져 어디 붙어야 제자리인지 모르고 마구 뒹굴어대는 것처럼 쑤시고 결려왔다.

닥친 현실은 날것으로 제 모습을 드러내기 시작했다. 급기야 공장은 다시 처음부터 새로 건설되어야 했고, 청천벽력 같은 소식도 들려왔다. 이번 화재를 기회로 이란에서 사용하는 '나일론' 제품은 이제부터 생산을 중단하고 세계시장에서 수요가 늘어나는 '폴리에스테르' 제품만 생산키로 했다는 것이다. 제품을 팔 수는 있는데 만들어 보내 줄 수 있는 사람이 없어졌다. 나는 물건을 파는 사람이지 만들어 내는 사람은 아니었다. 상사맨의 한계점이 바로 거기였다.

이대로 길 잃은 철새가 되는 것은 아닌지 걱정이었다. 한국으로 그냥 돌아가야 하는 것인지 마냥 헷갈리기만 했다. 내 탓이 아니라고 누군가 위로할지 모르지만, 그동안 이뤘던 게 어디냐며 그럴듯하고 애매한 칭찬을 해줄지 모르지만 그건 중요한 게 아니었다. 나는 장사를 하고 싶었던 거지, 마냥 칭찬이 듣고 싶던 게 아니었다. 나는 장사꾼이었다.

매출이 급감하기 시작했다. 그렇게 하루 또 하루가 지나갔다. 그렇게 한 주 한 주가 지나갔다. 이상했다. 한 계단 내려서면 위로 올라서는 계단은 판타지 영화처럼 사라졌다. 다시 한 걸음 내려서면 아래로 내려서는 세난만 역시 판타지 영화처럼 계속해서 나타났다. 몇 계단 내려오다 잠시 멈추고 다시 뒤를 돌아보면 위로 오르는 계단은 영락없이 사라져버려 보이지 않았다. 그렇게 다시 한 달 또다시 한 달이 흘러갔다. 그러다 문득 계단의 중간에서 멈추고 생각에 잠겼다. 피식 웃음이 새어나왔다. 한참만에 찾은 웃음이었다.

'상사맨이요. 상사맨은 안 파는 게 없습니다. 못 파는 거요? 당연히 못 파는 것도 없습니다. 살 사람이 없으면 찾아 나서고 생기면 뭐든 다 팝니다.'

잠시 휴식이 필요했다. 계단에 조심스럽게 앉아 기억을 떠올려 보기로 했다. 나는 누구인가가 중요했다.

'나는 참으로 버라이어티한 사람이지 않았는가. 상사맨이 얼마나 버라이어티한 비즈니스맨인가. 나는 고로 잠시 버라이어티의 쇼에 들어선 것뿐이다.'

누군가 나를 다독거리기 전 셀프 위로가 분명 필요했다.

난 누군가 또 여긴 어딘가

상사맨이 되고 난 다음 나의 모습들을 떠올려 보았다. 내가 갖고 있는 장점은 늘 한 번 더 생각하는 것이 아니던가. 잠시 멈추고 생각을 뒤로 다시 뒤로 돌려 보았다. 그러면 내가 누군지, 지금 어디 서 있는지, 왜 여기 서 있는지 알 것 같아서였다.

'난 누군가. 여긴 어딘가.'

1987년, 한국에서 서울올림픽이 열리기 전 해에 코오롱상사에 입사했다. 국내 굴지의 무역상사였고, 처음에는 수출이 아닌 수입 분야에서 근무를 했다. 다들 수출부서를 지원했지만 항상 남다른 나는 수입부서를 지원했다. 당시는 엄청난 규모의 무역흑자로 여러 부작용이 나타나던 때였다. 따라서 타국에서 대규모 제품을 수입해 오는 일이 장려되는 시기여서 아주 유력한 분야로 판단되었다. 또한 취급 품목별로 본부와 팀이 나누어진 수출부서들과는 달리 수입부서는 전사에 팀이 하나밖에 없다보니 시황에 따라 온갖 제품들들 취급하게 되는 다양한 기회를 가지게 되었다.

주어진 첫 번째 업무는 합판 등을 제조하는 보르네오산 원목수입이었고, 이후 페인트 등의 원료로 사용되는 중국산 송진, 1기 신도시건설로 나라에 건자재가 동나자 아파트 건설에 들어가는 터키산 철근, 중국산 시멘트, 일본산 석고보드, 미국산 양변기 등을 수입해 건설사 등에 판매하곤 했다. 지금도 분당 등 1기 신도시를 지나다 금이 간 아파트를 보면 혹시 내가 수입한 시멘트에 문제가 있었던 것은 아니었는지 가슴이 뜨끔한 직업병을 경험하기도 한다. 아울러 최근 한국에 돌아와서 경주에 있는 한 특급호텔에 머물 기회가 있었는데 호텔 건축 당시 내가 수입한 제품이 있는 곳이었다. 일일이 만져 보며 검수한 양변기 앞에서 감개가 무량해 용변 보는 것을 잊고 한참 양변기를 쓰다듬기도 한 웃지 못 할 기억도 있다.

1980년대 말, 나는 그렇게 설익은 장사꾼이 되어가기 시작했고 비즈니스가 무엇인지를 스스로 배워가기 시작했다. 입사해 3개월쯤 지난 후 나를 포함 같은 수입부서에 배치된 신입사원 세 명에게 어려운 미션이 부여되었다. 화학제품 수입을 맡은 선배가 우리 세 명에게 하나씩 새로운 품목을 정해주며 국내 수입업체를 찾아 판매해보라는 것이었다. 내게는 페인트, 잉크 등의 원료로 들어가는 중국산 송진제품이 주어졌고, 수소문 끝에 국내 최대 수입상을 찾아 판매를 추진했다. 하지만 자신들이 직접 수입을 하는 업계의 베테랑이 애송이 장사꾼에게 쉽게 구매할 리가 만무했다. 이 제품은 자신들이 너무 잘 아니까 헛수고 말라며 책임자는 이후 눈길도 주지 않고 문전박대만 했다. 하지만 내가 누군가? 화초 아닌 잡초과에 맨땅헤딩조인 나는 매일 아침 그곳으로 출근했다. 한 달이 지나고 두 달이 다되어가도 포기하지 않고 문전박대를 즐기는 게 귀찮았는지 수입상 사장이 자신의 방으로 나를 불렀다.

"내가 졌다. 너 같이 질긴 놈은 처음이다. 널 통해서 100톤을 수입할 테니 내일부터는 이곳으로 출근하지마라!"

입사한 지 5개월 남짓 나만의 사업품목을 개발해 냈다. 나는 수입 부서에서 가장 질긴 놈으로 확실히 자리매김했다. 외국으로부터의 수입사업의 여건이 어려워지자 우크라이나에서 구입한 철강제품을 베트남으로 판매하기도 하고 인도에서 구입한 설탕을 러시아로 판매하는 등 3국간 거래에 본격적으로 나서기도 했다. 3만 톤정도의 설탕을 인도 서부 '맹갈로르'라는 항구에서 선적할 때 선적 감독자로 열흘간 배에서 먹고 자기도 했는데 첫날 그렇게 달콤하던 설탕냄새가 열흘이 지나자 머리가 아플 정도로 지독하게 느껴졌다. 단 것을 좋아했던 나인데도 그 이후 두 달 가까이 설탕을 입에도 낼 수가 없었다. 베트남에서 고철을 수입했을 때는 베트남전쟁 불발탄이 함께 선적되어 인천항에서 폭발물 수거반과 함께 노심초사하며 한 달여를 부두근로자들과 함께 기거하기도 했다.

그렇게 위험하고 황당하고 망신스러운 상황들을 경험해 가면서 나는 어느덧 프로냄새가 나는 장사꾼으로 서서히 변모하기 시작했다. 세상의 모든 장사 중에 끝이 무기장사라고 한다. 없으니 못 파는 것이지 있으면 뭐든지 무조건 팔아치워야 진짜 상사맨이었다. 스리랑카 정부군이 타밀타이거 반군과 전쟁 중일 때 짐바브웨산 포탄을 판매하는 일이 있었는데 그 거래를 위해서 2주일간 머물던 스리랑카 콜롬보 소재 '갈라다리호텔'이 내가 체크아웃한 다음날 폭탄테러로 대파되어 간담이 서늘해진 적도 있었다.

그러니 거짓말 조금 보태서 내 손을 거쳐 거래해보지 않은 제품이 없었고 내가 취급해 보지 않은 나라의 제품이 없었다. 말 그대로 마약과 여자 빼고는 다해봤다는 김우중 대우그룹 전 회장과 비슷했다고 할까.

누구도 가보지 않은 곳에서 누구도 만나지 못했던 사람을 애써 만나고 누구도 팔아보지 않은 상품을 건네며 그들의 구매욕을 자극하고 그들의 지갑을 열게 만들어야 하는 일이니 틀린 말도 아니다. 그러니 말 그대로 별의별 사람들을 다 만나게 되고 경험할 수밖에 없다. 밖으로 나가 세상이 이렇게 넓은가 하는 순간, 세상이 이렇게 추접스러운 곳인가 싶을 만큼 희한한 사람들도 많이 만난다.

상사맨이 되어 가장 처음 배운 것은 어쩌면 사람을 가지는 법이었다. 상사맨이 되고 자주 들은 이야기는 '밖에 나가면 사기꾼이 득실거린다'였는데 실제로 현장에 나가보니 그 의미를 알 수 있었다. 눈 감고 있으면 코를 베어간다는 건 옛 말이었다. 세상은 눈을 버젓이 뜨고 있어도 아무렇지 않게 코를 베어가는 무서운 동네였다. 정신 바짝 차리지 않으면 멀쩡한 코를 잃게 되는 게 상사맨의 운명이기도 했다.

순간, 여러 사람들을 만나며 겪었던 수많은 일들이 주마등처럼 스치고 지나갔다. 그런 세상 속에서 나를 찾는 사람, 나를 반기는 사람들을 만들어야 하는 것이 상사맨이었다.

이란에서도 마찬가지였지만 나는 항상 나를 각인시킬 수 있는 뭔가를 하나씩 선물하며 사람을 만났다. 영업하는 장사꾼 중 상당수가 그럴 수 있겠지만 내가 그들과 다른 점은 건네는 선물이 항상 그 가격을 예측하기 힘든 것으로 정한다는 것이다. 롤렉스시계처럼 비싼 선물로 환심을 사는거야 돈만 있다면 누구나 할 수 있다. 하지만 실제가격이 얼마 되지 않더라도, 예를 들어 가격을 가늠하기 힘든 조그만 그림 작품을 선물하면서 거기에 스토리까지 더하면 작은 비용으로도 상대의 마음을 살 수 있지 않을까? 진정한 비즈니스맨은 이렇듯 작은 선물 하나에도 고민과 전략을 더하는 남다름이 필요히다. 한국에서도 싱가포르에서도 이란에서도 두바이에서도 사람을 만날 땐 내 손에는 항상 무엇인가가 들려 있었다. 상대에게 '재키정'을 각인시키기 위한 방법 중 하나였다.

예를 들어, 4년 전 한국에 돌아온 이후 내가 국내 중요 인사들에게 건네는 선물 중 하나가 골프백이다. 천차만별의 골프백이 있지만 우리 회사에서 취급하는 BMW 자동차 로고가 새겨진 골프백을 선물로 준비했다. 그리고 골프백을 건네며 하는 말이 있다.

"이 캐디백은 최고급 사양인 BMW 760 자동차를 사거나 혹은 사실만한 분에게만 드리는 가격이 없는 백입니다. 아무나 가질 수 있는 백이 아닙니다."

같은 제품이라도 이렇게 스토리를 더하며 선물을 건네면 받는 분들도 기분이 좋아지며 설령 나의 허풍을 알아차리는 분들도 기분 나쁠 것은 없지 않은가? 말 그대로 '선의의 거짓말'인 것이다. 그래서 어떤 계기로든 나를 만나는 모든 사람들이 나를 떠올릴 때면 이유 없이 선물을 꺼내는 산타클로스나 뭔가 즐겁고 유쾌한 쾌남을 연상하게 되는 것이 나의 목표다. 미국 오바마 대통령이 인종차별을 극복하고 대통령이 된 여러 이유 중 한 가지는 그와 한번이라도 식사를 함께 하면 정치적 반대파라도 그의 즐거운 유머와 매력에 팬이 된다는 것이라고 한다. 내가 어떠한 상황에서도 유머와 위트를 잃지 않으면 사람들은 나를 여유 있고 매력 있는 인간으로 보지 않겠는가?

애써 여유를 갖고 다시 일어서기로 했다. 뒤를 돌아보았다. 사라졌던 계단이 눈앞에 떡하니 판타지 영화처럼 다시 나타났다. 힘을 내 뛰어오를까 하다가 다시 고개를 돌려 아래로 내려서기 시작했다. 현실을 부정하니 사라졌던 계단이었다. 아니 현실을 부정하고 싶어 보이지 않았던 계단이었다. 그저 의지만으로 뛰어오른다고 달라질 것은 없었다. 나의 현실을 인정하기로 마음먹었다. 왜 올라서지 못하는 거냐고 나를 마냥 채찍질하던 세찬 소리를 안으로 꾹꾹 눌러 버렸다.

'난 누군가, 또 여긴 어딘가.'

한 걸음 더 내려서며 주위를 둘러보았다. 그곳은 이란이었고 나는 어제보다 그제보다 한참 더 먼 곳에 서 있었다. 마음을 다졌지만 세상은 나의 다짐대로만 끌려오는 것은 역시 아니었다. 세상이 나를 붙들고 여전히 흔들어댔다. 한국에서 급한 전화가 걸려왔다.

"큰일 났습니다. 집으로 빨리 들어가세요."

나는 더 머물겠습니다

그때가 2001년 9월 초였다. 그날 꼭 보내야 하는 보고서 때문에 사무실에서 밤늦은 시간까지 열심히 자판을 두드리고 있는데 전화가 걸려왔다.

"무슨 일이십니까?"

전화기 안에서 들리는 목소리는 매우 긴장한 듯 들려왔다.

"지금 미국에서 난리가 났습니다."

"미국에서 난리가 났다니요?"

그 날이 9월 11일이었다. 미국에서 9·11테러가 벌어진 것이었다. 믿기지 않는 일이었다. 급히 집으로 와서 TV를 켜보니 세계무역센터가 무너지는 화면이 도돌이표처럼 반복되고 있었다. 문제는 그 다음이었다. 미국에서 9·11테러에 대한 보복을 선언하고 폭격을 고려한 국가가 아프가니스탄과 함께 이란도 포함되어 있다는 소문이 번지면서 테헤란 사람들 특히 테헤란에 거주하는 외국인들은 패닉에 빠져들었다. 며칠부터 공습이 시작된다더라 하는 소문들이 나돌았다. 매일매일 들려오는 소식이 유럽계 일본계 어느 회사 주재원들이 가족과 함께 철수했다는 소식이었다. 본사에서도 일시 귀국을 종용하기 시작했다.

"한국으로 돌아오십시오. 이란은 지금 위험합니다."

"어서 돌아오세요. 테헤란에 언제 공습이 시작될지 모릅니다."

9월 말쯤 되어 보니 우리나라에서 파견된 일부 기업들의 직원들도 피신을 시작했다. 그렇게 며칠이 지나고 한국 기업 중 정보가 가장 많다는 S사의 한국 직원들과 그 가족들이 전부 한국으로 피신했다는 이야기가 들려왔다. 그러자 타 기업체의 한국 직원들은 모두 패닉 상태에 빠지고 말았다. 서두르지 않으면 모두 전쟁통에 목숨을 빼앗길지 모른다는 소문은 이제 현실이 되고 있었다. 하는 수 없어 보였다. 우리 가족도 모두 걱정을 안고 살기는 마찬가지였다

"우리도 피난 가야 하는 거 아니예요?"

하루는 아내가 걱정이 되었던지 내게 물었다. 그 얼굴을 보니 그대로 있어서는 안 되겠다는 생각이 들었다. 그래서 말했다.

"당신 먼저 아이들과 함께 한국에 가 있어."

"무슨 말이에요?"

"일단 먼저 들어가 있어. 나는 조금 더 있다 갈 테니까."

아내는 내가 한번 결심하면 말려도 소용없다는 걸 알고 있는 터라서 일단 가족들을 데리고 한국으로 피신을 했다. 나는 그해 3월 타이어코드공장 화재로 새로운 품목 발굴을 위해 미친 듯이 뛰어다니던 시기여서 언제 시작될지도 모를 공습 때문에 피난을 갈 수 있는 한가한 상황이 아니었다. 그래서 본사를 설득 일단 가족만 먼저 귀국을 시키기로 했다.

그리고 이렇게 유럽 및 일본 등의 경쟁사들이 빠져나갔으니 신사업 발굴의 기회가 혹시 더 많아지지 않을까하는 생각으로 사태를 예의주시하면서 계속 동분서주하고 있었다.

그 와중에 본사의 임원 한 분이 유럽출장 끝에 이란에 잠깐 들르게 되었다. 다음날 새벽 비행기로 한국으로 돌아가기로 되어있는 그분과 함께 식당에서 저녁식사를 하고 있었다. 그런데 식당에서 식사를 즐기던 이란 사람들이 술렁대기 시작했다. TV 화면을 보니 이웃인 아프가니스탄 카불의 공습장면이 생중계되고 있었다. 영화 속 장면이 아닌 실제 장면이었다.

"정지사장! 내일 새벽 나와 함께 서울로 들어갑시다."

"예? 내일 새벽에요?"

그분과 동행하면 유럽을 경유해 서울로 갈 수 있었다. 그 임원은 서울의 사장에게 전화해서 상황이 이러니 정지사장도 귀국시키겠다고 의견을 내었고 그리하라는 지시를 받았노라고 했다. 할 수 없이 그 임원과 테헤란공항으로 향했다. 가는 차 안에서 생각했다. 당시 나는 이란의 지사장이었다. 총 다섯 명의 현지직원들은 내 얼굴만 쳐다보고 있었다. 이건 아니라는 생각이 뇌리를 스쳤다. 산적한 모든 일들을 정리도 하지 않고 그대로 놔둔 채 더군다나 현지 직원들과의 대책 협의도 없이 이대로 몸을 피한다는 건 비겁했다.

"도저히 안 되겠습니다. 저는 조금 더 머물겠습니다."

"무슨 말이야? 지금 뉴스 못 봤어? 당장 서울로 돌아갑시다."

하지만 나는 이란지사의 책임자였다.

"저는 일단 더 머물겠습니다. 그리고 정리가 되면 그때 가겠습니다."

당장은 이란을 떠날 수가 없었다. 그렇게 무작정 떠나는 건 아니었다. 현지직원들도 직원들이지만 피난을 갈 경우 주요거래처들과 협의하고 그들에게 양해도 구하는 게 예의였다. 그의 손에 들린 내 이름의 비행기 표를 바라보았다. 하지만 원래 다짐한 마음을 고쳐 먹을 생각이 없었다. 헷갈리지도 않았다.

"아니요. 저는 지금 가지 않겠습니다."

그분은 나를 다시 설득했지만 나는 고개를 저었다. 그렇게 홀로 남아 다음날 아침 테헤란에 있는 사무실에 출근했다. 그리고 거의 10일 동안 현지직원들과 내가 서울에 있더라도 어떻게 일을 진행할지를 협의하고, 현지거래처들을 방문하며 양해를 구하기 시작했다. 이후에 알게 된 것인데 그때 이란의 친구들과 거래처 사람들이 나를 다시 보기 시작했다고 한다. 한국 사람이 거의 없는 상황에서도 홀로 남아 양해를 구하며 다니는 모습이 인상적이었다는 말들을 한참이나 지난 후에야 듣게 되었다.

두려움이 가득한 곳에서의 10일은 1년보다 더 길었다. 하지만 쉴틈이 없었다. 그렇게 10일이 흐르는 동안 나를 알고 지내던 이란 사람들과는 더욱 친밀감을 갖게 되었다. 이란 사람들이 나를 더욱 믿을만한 성실한 사람으로, 큰 일이 벌어지더라도 배신 따위는 하지 않을 사람으로 각인하게 된 것이다.

이란은 원래 자존감이 높고 격식을 많이 따지는 곳이다. 특히 정부나 국영업체와 비즈니스를 하다보면 최고위층 사람들과의 미팅이 매우 어렵다. 한 단계를 거치면 다시 한 단계를 거쳐야 하고 그렇게 하다보면 윗사람을 만나는데 걸리는 시간 자체에 지쳐버리는 경우가 많다. 방글라데시, 스리랑카 등 전에 싱가포르에 주재할 때 자주 방문했던 나라들은 전화 한 통화로 관련 장관들도 쉽게 만나볼 수 있었는데 이란은 그 절차와 권위가 남다르다.

그런데 그 10일이 지난 후, 나의 지인 중 일부는 그런 고위직과의 연결자 역할을 하겠다고 나서기도 했다. 정부가 절대 권력인 이란이어서 매우 조심스럽지만, 나를 소개해줘도 괜찮다는 확신이 생겨서라고 했다. 큰 고난 중에 내가 보여준 책임감과 인내가 뜻하지 않은 선물로 되돌아온 것이다.

다시 이란이다!

    중요한 일들을 정리하고 사업진행 관련자들을 어느 정도 안심하도록 만들어 놓은 다음에서야 한국행 비행기에 몸을 싣게 되었다. 그렇게 한국으로 돌아와 한 달 반의 피난 아닌 피난 생활이 시작되었다. 한국에 머물면 마음이 편할 줄 알았는데, 이란은 잊고 살 줄 알았는데 막상 시간이 갈수록 그게 아니었다. 왠지 모르게 이란에 큰 보물이라도 두고 온 것 마냥 매일 매일이 궁금해 견딜 수가 없었다.

    한국에서 피난하는 동안 내가 이란에서 이룬 일들에 대해 후배 직원들이 자주 묻곤 했다. 어떻게 그런 성과를 올릴 수 있었는가부터 왜 그런 위기상황에서 곧바로 서울로 돌아오지 않은 것인지 등 궁금한 것이 많은 모양이었다. 대학시절에 락밴드 활동도 하고 서울 근무할 때 그렇게 술 잘 마시고 노래 좋아하는 내가 왜 전국에 술집 하나 없고 간혹 출장을 가보면 생활이 무미건조하기가 그지

없는 이란에서 어떻게 견뎌왔고 왜 돌아가려고 하는지 궁금한 모양이었다. 그때 나는 이렇게 답했다.

"다른 것은 없다. 자신의 일을 즐기고 사랑하는 것이 가장 중요하다. 우리는 상사맨이 아니던가. 사업을 즐기고 사랑하면 된다. 그것이 얼마나 매력적인지 알게 되는 순간 사랑하지 않을 수 없게 된다. 이란에서는 아직 더 팔 게 많이 남아 있거든!"

그렇게 한 달 반을 서울에 머물다 다시 이란으로 돌아갔다. 한국에 가 있으면 다시 한국생활에 젖어 이란이 그립지 않을 줄 알았는데 어느새 이란은 나의 일부가 되어 있었다.

이란으로 돌아가는 걸음이 결코 무겁지 않았다. 아직 이란은 무궁무진한 것들이 곳곳에 널려 있는 나라였다. 그들에게 더 전할 것도 많았고 그들로부터 전달받아야 하는 것들도 많았다. 귀로는 들었지만 눈으로 확인하지 않은, 몸으로 체험하지 않은 일들도 쌓여 있었다. 나도 마찬가지였다. 그들에게 입으로는 설명했지만 아직 보여주지 않은, 아직 보여주지 못한 것들이 산더미처럼 가득했다.

이란 테헤란공항에 다시 비행기가 도착했다. 이웃나라에서는 항공탄이 터지고 한국의 모든 주재원들이 돌아가고 거의 혼자 남았던 이란, 그곳에서 이란 사람들과 함께 보냈던 10일이라는 짧다면 짧고 길다면 길었던 순간이 다시 떠올랐다. 처음 이란에 도착해 비행기에서 밖을 내다보던 때가 떠올랐다. 뒤로 후진하며 달려오던 차를 보고 놀랐던 기억에는 피식 웃음이 났다. 이미 대형도로 위에서 능숙하리만치 빠른 속도로 후진으로 운전을 하면서도 사고 한 번 나지 않은 나는 이미 반쯤 이란 사람이었다.

비행기는 이란의 테헤란공항에 도착한다는 방송을 내보냈다. 그래, 그곳은 이미 정이 들 만큼 들어버린 정겨운 곳, 바로 이란이었다. 공항의 활주로에 비행기가 몸을 비벼대는 동안 창밖을 보며 속으로 이렇게 외쳤다. 안에서 커다란 메아리가 그대로 소리를 따라 했다.

'다시 이란이다!'

이란에서 몇 년 생활했지만 이란을 다 안다고 생각한다면 오산이었다. 지금까지 만났던 사람들보다 앞으로 만나야 할 사람들이 더 많았다. 밖에서 마주치는 사람들 중 모르는 이란 사람들이 모두가 나의 고객이 될 수 있었다. 이란은 내게 모든 것들을 다시 시작하는 곳이었다.

이란, 그래, 다시 이란이었다.

나를 살린 노신사

배운 게 도둑질이었으니 다른 방법은 없었다. 매출이 급감하니 다른 뭐라도 방법을 모색해야만 했는데 할 수 있는 게 사업하고 장사하는 재주밖에 없으니 별 수 없었다. 어떻게 해서라도 새로운 제품을, 새로운 사람들을 만나서 사고팔아야 했다. 그것이 나의 운명이었다. 모든 것이 제로 상태로 놓여있으니 다시 시작해야만 했다. 이제 온갖 것들을 팔기 위해 다시 팔을 걷어 붙였다.

3년여 동안 친구가 된 여러 인맥들을 총동원해 매달렸다. 한번은 이러저러한 인맥을 통해서 국방부와 연결이 되었다. 그들이 관심 있어 한다는 사업에 대한 정보를 들은 이상 가능한 사업인지 검토해 본 후 가능하다고 판단되면 그 다음은 그들에게 팔면 되는 거였다. 국방부 차관을 만나기가 쉽지 않기에 매혹적인 프레젠테이션이 필요했다. 그래서 온갖 자료들을 준비하기에 이르렀다.

비서가 마주 앉아 있는 차관 대기실에서 준비해간 자료들을 읽어보며 곧 있을 프레젠테이션을 대비하기 위해 정신을 가다듬고 있었다. 머리를 긁적이며 메모를 하고 혹시 실수를 하지는 않을까 다시 한 번 자료를 읽어보기를 반복했다. 그런데 내 맞은편에 웬 노신사 한 분이 앉아 있었다. 아마도 내가 뭔가에 집중하고 있는 걸 눈치 챈 모양이었다. 차분하려고 했어도 뭔가에 쫓기는 느낌을 받았던 것인지 아니면 얼굴에 간절함이 절실했던지, 그가 말을 걸어왔다.

"너 어디서 왔니?"

다짜고짜 어디서 온 거냐고 물었다.

"그거 알아 뭐하게요?" 하기에는 그의 눈빛이 너무 진지했다. 그 눈빛은 지금까지 어디서도 보지 못한 중후한 무게를 품고 있었다.

'이란에 이렇게 오묘한 느낌을 주는 사람이 다 있다니.'

겨우 한 마디를 내게 건넸음에도 불구하고 이미 뭔가 그에게 빠져버린 느낌이었다. 그는 이란의 동네에서 쉽게 마주치는 노인들과는 이미지부터 달랐다. 멋진 폼을 가진 신사였다. 대답을 안 하면 크게 혼이 날 것 같지는 않았지만 하지 않고 나면 다음에 왠지 모를 후회가 들 것 같았다.

"저는 한국에서 왔습니다."

그가 다시 물었다.

"한국이면 남한과 북한이 있는 걸로 아는데?"

"예, 저는 남한에서 왔습니다."

그의 눈빛은 여전히 상대를 압도했다. 그가 다시 국방부에 무슨 일로 온 거냐고 물었다. 나는 국방부에서 구매를 원하는 차량을 판매하러 온 거라고 답했다.

"그렇구나. 그럼 다음에 시간 날 때 내게 연락 한번 줄 수 있겠어?"

"선생님에게요?"

"그래. 다음에 사무실로 차 한잔 하러 오시게."

그는 누구일까? 아무튼 노신사에게서 명함을 받아 챙기고는 안으로 들어갔다. 그리고 열심히 한국차량에 대해 판을 펼치고 한껏 설명을 늘어놓았다. 하지만 소기의 성과를 거두지 못했다. 결국 경쟁하던 유럽계 업체에 프로젝트가 넘어갔다는 소식을 2주 정도 지나 들었다. 새로운 사람을 만나 전혀 새로운 사업을 하는 것이 쉬울 리 없었다. 또 다른 사업과 제품을 위해 쉼 없이 뛰어다녔지만 큰 성과는 없었다.

마음이 다시 답답해왔다. 일의 능률이 오르지 않아 사무실에서 커피를 한잔 하는 중에 문득 국방부에서 봤던 노신사가 떠올랐다. 냉큼 그가 건넸던 명함을 찾아보았다. 누구인지도 모르는데 가슴이 뛰었다.

'그는 누구일까?'

노신사는 내게 꽤 호감을 보였었다. 명함을 확인하고 그에게 전화를 걸었다. 그는 나를 확실하게 기억하고 있었다. 하루라도 빨리 전화를 걸어 볼 걸 후회되었다. 찾아오라는 말을 듣고 곧장 노신사를 찾기에 이르렀다.

"너 말이야. 이것 좀 구해줄 수 있겠니?"

그가 건넨 것은 케이블에 들어가는 특수한 플라스틱원료였다. 보니 양도 많지 않았다. 평소 내가 진행하던 사업 규모에 비하면 언뜻 보잘 것 없는 규모였다. 하지만 무엇이라도 장사가 될 수 있다면 열심히 해야 옳았다.

"좋습니다. 찾아보겠습니다."

기껏해야 1억 원 정도 될까 말까한 규모였다.

"최선을 다해 좋은 조건으로 오퍼하도록 하겠습니다."

아무튼 나는 노신사가 소개한 작은 규모의 제품을 이란 내 대형 케이블업체에 수출하기 시작하면서 그와 인연이 되었다. 이후 노신사는 내게 조금 더 큰 규모의 다른 제품을 소개했고 성과가 나오기 시작하자 또 다른 제품들을 구해달라고 요청했다. 그러던 어느 날이었다.

"이제 진짜를 줄 거다."

진짜라니, 그럼 지금까지는 모두 가짜였단 말인가? 그는 나를 평소보다 더 진중한 눈빛으로 바라보았다. 그 눈빛에 이끌려 그를 따른 것이었다. 그는 내게 차분한 목소리로 말했다.

"이건 성사가 되면 어마어마한 값어치다."

지금이야 통신에 광케이블을 사용하지만 당시만 해도 동으로 만든 케이블을 사용했었다. 그가 소개한 사업은 바로 동케이블 반제품 공급 프로젝트였다.

"이게 한 프로젝트에 얼마나 된다는 겁니까?"

"한 건에 6,000만 달러다! 그리고 여러 건들이 계속 진행 될 것이야."

"6,000만 달러요?"

"그래 6,000만 달러!"

노신사의 말이 믿기 어려워 다시 한 번 물었다.

"지금 6,000만 달러라고 하셨습니까?"

"그렇다고 하지 않았나. 이 프로젝트는 한 번에 6,000만 달러 규모야. 가능하겠는가?"

나는 마음으로 답했다.

'저는 결과에서 비록 불가능이라는 경우가 생기기는 하지만 저의 도전에 있어서 불가능은 존재하지 않습니다.'

동케이블은 제조에 여러 가지 원자재가 들어가는 제품이었다. 한국에서 본 적이 있었지만 직접 취급하던 제품이 아니라서 호기심이 생겼다. 더군다나 이란은 계속적으로 케이블이 필요한 상황이었기 때문에 사업 전망도 좋았다.

안쪽에 아주 가는 구리선을 플라스틱으로 감싸고 이를 여러 가 닥으로 만들어 그 위에 다시 폴리에스테르필름과 레진, 철판으로 감싸고 마지막으로 플라스틱으로 마감하는 형태다. 그래야 비바람 이 치고 새에게 쪼일지라도 파손되지 않는 매우 튼튼한 구조가 된 다. 그렇게 만들어야만 하는 제품이었다. 언뜻 생각했을 땐 동케이 블이 무슨 돈이 될 수 있을까 했지만 막상 제품을 보고 나니 이내 생각이 바뀌었다.

한국에서 반제품으로 만들어오면 이를 완제품으로 만드는 이란 내 대형 케이블제조사가 공략해야 하는 대상이었다. 사업규모가 워낙 크다보니 경쟁사들이 목을 걸고 있었고 그 의사 결정단계도 복잡했다. 하지만 내가 누구이던가. 달나라에 가서도 농사를 지을 수 있는 사람이라는 말을 듣던 장사꾼이 아니던가.

당시에는 타이어코드공장 화재 후 새로운 주력 제품을 개발하기 위해 밤낮으로 동분서주하고 있어 이제 뭔가 홈런을 쳐야 할 시기 였다. 하나의 물고를 터야만 했다. 하나의 히트상품이 나오면 다시 도약할 수 있을 것 같았다. 일단 시동이 걸리면 쉬이 끄지 못하는 체질을 가진 내게 걸려들었으니 이제 그 케이블제조사는 내 것이 나 다름없었다. 다시 한 번 용기가 용솟음치니 두려울 것도 없었다.

수많은 제품기술관련 미팅과 협의 끝에 그들은 내가 건네는 제 품에 대해 매우 흡족한 반응을 보이기 시작했다. 자신들이 가장 필요로 하는 제품을 최대한 빠른 납기에 공급할 수 있다는 나의 제안이 그들의 마음을 사로잡기 시작했다.

6,000만 달러면 한화로 약 600억 원이다. 처음 이란에 왔을 때 이란지사의 연간매출은 총 60억 원이었다. 그런데 당장 손에 들린 프로젝트는 한 번의 성사로 무려 열 배의 매출을 올릴 수 있었다. 노신사와 나는 대체 어떤 인연의 운명이었던 것일까?

구매업체는 자신들이 필요한 것이긴 하지만 워낙 큰 규모다보니 고민에 고민을 거듭했다. 나는 장사꾼으로써 그동안 쌓아두었던 모든 노하우를 총동원해야만 했다. 제품에 대한 프레젠테이션과 기술관련 협의, 생산과 운송계획 등에 대해서 끝없는 협의가 계속되었다. 당신들이 지금 당장 필요한 제품이 우리가 공급하는 한국산이라는 것을 어필하는데 더 주력했다. 결국 그들은 내게 고개를 끄덕이기 시작했다. 그리고 마침내 공개입찰 발표에서 우리가 공급하는 것으로 결정 났다. 프로젝트 추진 중에 콩닥콩닥하던 가슴이 결정을 통보받자 일순간 멎는듯했다.

단번에 무려 600억 원이라는 거대한 규모의 계약을 성사시키고 밖으로 나오던 순간 노신사와 마주했던 순간이 떠올랐다. 중한 무게감을 가진 눈빛, 깊은 목소리로 상대를 압도하는 카리스마. 그는 하늘이 내려준 선물 같았다.

말 달리자

반제품 케이블이 공급된 이후, 케이블 제조에 들어가는 구리, 플라스틱, 필름, 철판 등 다양한 원부자재가 각각 이란 내 다른 업체들에 다른 용도로 공급되는 시너지 효과가 나타나기 시작했다. 그러한 철강·화학제품 등을 생산하는 국내업체들과의 연결고리가 된 것이다. 그전에는 상상하기 힘든 규모로 매출이 늘어나고 판매제품도 다양화 되었다. 명실상부한 이란전문종합상사가 된 것이다.

돌아가신 지 오래인 그 노신사의 부친은 이란 내 유명한 종교지도자였다고 했다. 그래서 자신도 아버지의 뒤를 이어 종교학교에 입학했지만 적성이 맞지 않아 혼자서 독일로 유학을 떠나 과학자의 길을 걸은 후 마침내 사업가가 되었노라고 했다. 그는 이란 내 정재계에 최고의 네트워크를 보유하고 있었고 현지시장의 흐름을 손바닥에 올려놓고 계산할 만큼 대단한 분이었다.

600억 원 규모의 첫 번째 계약이 이루어지려는 때 그분은 나와 한국 방문을 하게 되었다. 프로젝트 진행 중 무슨 일이 생기더라도 자신을 대신할 수 있는 자신의 부인이 사업내역을 알아야 한다고 했다. 그렇게 그의 부인과 함께 모두 3인이 동행하게 되었다. 두바이공항의 항공 비즈니스라운지에서 환승하면서 라운지입구 핸드캐리 짐을 보관하는 곳에 가방을 맡기고 난 후 아차, 하면서 다시 짐 보관대로 향했다. 가방에서 중요서류를 빼내 손에 쥐고 뒤돌아보니 그분이 나를 빙그레 웃으며 쳐다보고 있었다. 그러면서 부인에게 한 마디 건넸다.

"내가 이래서 재키 필자의 영어이름를 사업에서 택한 거야. 짐은 잃어버려도 중요서류부터 챙기는 저런 치밀함 때문이야. 그동안 여러 한국 사람들과 일해 보았고 이번 프로젝트를 위해 한국의 모든 상사 지사장들을 만나보았거든. 그런데 국방부 차관실에서 본 재키가 보통의 한국 주재원들과는 달라보였어. 그의 눈에는 에너지가 있고 열정과 치밀함이 넘친다고 느꼈는데 역시 내가 정확히 봤어."

노신사는 자신의 부인에게 그렇게 내 칭찬을 아끼지 않았다. 이후 15년 가까이 된 지금까지 그는 나의 최고의 비즈니스 멘토이며 나의 큰 형 같은 분으로 남아있다.

'과연 나를 살린 것은 통신케이블일까, 노신사일까?'

어떤 것이면 어떠하리. 나는 원래의 자리로 돌아와 있었고 다시 손에는 삽이 들려 있었다.

이란 사람들은 왜 저리 속을 감추는 게 많은 거냐고, 좀체 겉으로는 그 속을 알 수 없다며 때론 화가 나기도 했지만 이렇게 큰 스케일을 자랑하는 사업가라면 이야기가 다를 수밖에 없었다.

1억 원짜리 조그만 사업을 툭 던져놓고 먼저 해보라고 권고하던 노신사 역시 페르시아 상인이었다. 작은 사업을 진행하며 면밀히 나를 살펴보며 예비교섭과 예비심사를 한 후에 합격점을 받자 히든카드를 꺼내 내게 보여준 것이다. 굳은 믿음이 생기자 무려 한번에 600억 원이나 되는 큰 비즈니스를 내 놓을 수 있던 것이다. 그리고 나는 단번에 그 비즈니스를 성공시킨 것이다. 모든 것들이 다 사라져 버린 황량한 사막 한가운데 서 있던 내게 노신사는 오아시스가 되었다. 지금도 이란을 방문하면 첫날 저녁을 그와 함께한다. 이것이 페르시아 상인들이 무덤까지 함께하는 믿음이다.

한 번 물꼬가 트이자 일이 순탄대로를 다시 달리기 시작했다. 대형 케이블제조사에 무려 600억 원이라는 반제품을 판매하는 프로젝트가 성사되자 노신사는 다시 비슷한 수준의 사업을 소개하며 다음 사업을 이어갔다.

못할 것이 없었다. 이제 두려움노 모두 사라진 상황이었다. 이란에 대해서 알 만큼은 아는 시기도 되었으니 일은 이제 즐거움이었다. 불과 얼마 전 빈손가락을 빨고 있던 끔찍한 상황을 떠올려보면 당장 처한 현실은 마냥 행복이었다.

그렇게 그 노신사는 여러 건의 수백억 원 규모 대형프로젝트를 내게 맡기기 시작했다. 진행 중 어려움들이 많아 실패한 사업들도 있었지만 그런 어려움과 도전이 나를 춤추게 하고 오히려 신나게 했다. 골프가 재미있는 이유도 매번 다른 어려움이 있어서라고 하지 않는가?

'나는 할 수 있어' 하는 유치한 다짐 따위는 하지 않았다. 할 수 있어서 하는 게 아니라 내가 좋으니 하는 일로 생각을 바꾸니 마음도 편하고 일의 성과도 높아졌다. 즐기는 사람이 세상에서 가장 무섭다고 하지 않던가. 장사꾼이 장사를 즐기지 않으면 무엇을 즐길 것인가.

그렇게 한 건 한 건 다시 총대를 메고 시작한 비즈니스가 하나둘 성과를 내기 시작했다. 한참 동안 내리막길로 가속도가 붙었던 행보가 다시 반전을 이뤄내며 역주행 하기 시작한 것이다. 오르막길로 올라서도 속도는 줄어들지 않았다. 그러다 탄탄대로를 만나자 속도는 더욱 빨라졌다. 불필요한 욕심은 줄이고 현재의 상황에서 가장 큰 걸 얻어낼 수 있는 것들만 생각했다. 그렇게 총 다섯 건의 600억 원 규모의 프로젝트를 진행하면서 나는 이미 세련된 프로냄새가 나는 비즈니스맨으로 성장해 있었다.

난 멈추지 않는다

이란으로 간 지 6년 째 되는 해, 2004년이었다. 대규모사업들의 성사가 계속 이루어지고 다양한 품목들로 사업이 확장되면서 말 그대로 나는 코오롱의 스타가 되어있었다. 보통의 경우라면 이미 한국으로 귀임했었어야 했지만 2001년 타이어코드공장의 화재와 9·11사태로 인한 한국으로의 피난 이후 경이적 사업성장이 이루어지자 한국으로의 귀환은 꿈도 꾸지 못하고 매일 새로운 사업에 몰두하고 있었다. 2004년 여름 당시 지난 10여 년 동안 해당자를 찾을 수 없었던 '최우수 사원상'을 그룹 회장님께 수상 받던 자리에서는 최근2016년돌아가신 노모가 감격에 겨운 모습으로 나를 바라보고 계셨다.

수상식 날 1998년 이후 타이어공장의 화재장면, 아프가니스탄 공습장면, 가족들과 모처럼 휴가를 가려고 출국장에 섰다가 지사법인세 문제로 6개월간 출국금지 조치가 내려졌다며 나를 돌려 세우던 이란 출입국사무소 직원의 얼굴, 국방부 차관실에서 만난 노신사의 미소가 내 눈앞을 아른거렸다.

위기는 기회라고들 한다. 나에게 위기는 연료를 채우고 정비를 해서 다시 더 높은 곳으로 날게 하는 항공기의 비행장 같은 곳이다.

2001년 봄날 타이어코드공장의 화재가 없었다면 나는 여느 주재원들처럼 5년여의 임기를 무난히 채우고 본사로 돌아간 그저 그런 이름 모를 테헤란 주재원이었을 것이다. 내 자랑을 하자면 내게는 부모님에게 물려받은 비즈니스맨의 천성이 있다고 생각한다. 내가 이란에서 남달리 큰 성공을 할 수 있었던 이유이기도 하다.

나는 항상 적극적이었다. 소심한 듯 보이는 사람을 좋아하지 않고 나 또한 누군가에게 소심한 듯 보이는 것은 더더욱 싫어했다. 자신 없어 보이는 사람이 내미는 상품은 왠지 상품의 질이 떨어져 보였다. 그러니 내가 상품을 상대에게 건넬 때에도 같은 표정이면 내가 느꼈던 그대로 상대도 느낄 것이라고 판단했다. 내가 소신이 없고 자신이 없어 보인다면 상대가 내가 내미는 그 어떤 것에 대해서도 호의적일 수가 없는 법이다. 그래서 나는 항상 적극적이었다.

나는 항상 남달리 차별화 되어야 한다고 생각했다. 옷 하나를 입더라도 나는 항상 상대가 한 번 더 훑어보게끔 만들도록 제법 신경을 쓰는 편이었다. 누군가에게 초대를 받았다고 하자. 제 아무리 잘

차린 음식이라도 어느 분위기와 어느 식탁, 어느 접시에 음식을 올려놓느냐에 따라서 자세가 달라지지 않던가 말이다. 이란 사람들은 특히 깔끔하게 차려입은 사람을 좋아한다. 비싼 옷보다는 깔끔한 차림이 더 중요하다. 그래서 항상 깔끔한 차림으로 상대를 대하는 걸 습관화 시켰다. 그는 항상 단정하다는 이미지를 주기 시작하면 상대는 나를 더 깊게 각인하기 때문이다. 그래서 항상 인사 한마디를 건네더라도 남들과는 좀 다른 독특한 인사를 건넸고, 옷도 '나는 지금 당신을 위해 이만큼 신경 쓰고 나왔습니다' 하는 티를 냈다. 상대는 나의 깔끔한 외모와 특별한 말투로 나를 각인했다.

누구든 친구로 삼았다. 폭넓은 인간관계를 형성하려면 친구가 많아야 하는데 상대가 접근해 주기만을 기다리다가는 세월을 다 보낸다. 그래서 항상 누구든 친구로 삼으려고 노력했다. 화장실에서도 우연히 사람을 만나면 "나는 한국에서 온 재키정입니다"라며 말을 건다. 그러면 상대는 어색해서라도 뭐라도 답하려고 했다. 위에서 이야기 한 것처럼 말끔하게 차려입은 사람이 말을 건네는데 답을 안 하는 것도 이상하지 않은가. 그렇게 친구를 한 명 한 명 늘려 가다보면 둘이 셋이 되고 셋이 어느 순간 서른이 되어 있었다. 엘리베이터에서 사람을 만나도 마찬가지로 행동했다. 이란에서 만나 지금도 가까운 친구로 지내며 비즈니스 관계를 유지하는 사람 중에는 이처럼 화장실이나 엘리베이터 혹은 비행기 안에서 만나 친구가 된 이들도 꽤 있다.

항상 당당했다. 적극적이고 차별적이며 누구든 친구를 삼으려면 기본은 당당함이다. 당당하지 않고 적극적일 수 없었고, 당당하지 않으며 차별적으로 튀게 행동하기도 어렵다. 뿐만 아니라 스스로에게 당당하지 않으면 화장실에서, 엘리베이터에서 비행기 안에서 처음 보는 낯선 사람에게 말을 걸고 이내 친구하자고 할 재주는 없다. 그래서 나는 항상 당당하려고 애를 썼다. 아니 나는 항상 당당했다. 비즈니스를 하는 사람들에게 감히 권고하건데 먼저 어떤 일을 하건 적극적으로 행동하고, 남들보다 차별화되도록 할 것이며 반드시 누구든 친구로 삼으라고 권하는 바다. 그러기 위해서는 항상 당당하기를 감히 권한다.

그렇게 타고난 기질로 상사맨이 되었고 이란에서 배운 노하우가 합쳐지니 인간 정영훈은 어느 순간 비즈니스맨 재키정이 되어 있었다. 1998년 시작할 때 연간 60억 원의 지사가 14년이 지나 떠날 때에는 50배가 성장된 연간 3,000억 원의 매출이 이루어지는 지사가 되어 있었다. 또 한 가지 자부심은 사업상 사고로 돈을 잃거나 미수금이 한 푼도 없었다는 점이다. 실적에 쫓기다가 사고를 내는 우를 범하지 않은 것이 정말 더욱 자랑스러웠다.

낯선 이란에서의 삶은 결코 쉽지 않았다. 환경변화에 따라 건강에도 문제가 생기기 시작했다. 식수와 생활용수로 사용되는 물이

석회질 성분이 높다고 말하는 유럽과도 비교가 안 될 정도로 매우 높아서 잇몸에 질병이 생기고 결국 풍치가 심해지기 시작했다. 이란 사람들은 석회질 성분을 중화시키는 레몬즙을 모든 음식에 뿌려 먹으며 홍차를 입에 달고 살아서 우리처럼 심한 문제가 없다.

한국에 돌아와서 치료를 맡은 치과의사에게 어떻게 그 나이에 이렇게 잇몸이 망가졌느냐고 혼이 났다. 현재 어금니 여섯 개를 벌써 임플란트로 바꾸었는데 전체 이빨을 잃기까지에도 시간이 얼마 남지 않은 듯하다. 치아건강이 장수의 필수 요소라는데 글로벌 훈장으로 자위하기에는 희생이 너무 크다.

그리고 테헤란은 노후 차량의 매연 등으로 심각한 스모그가 자주 발생해서 수시로 일주일씩 휴교령이 내려지기도 했다. 면역력이 약한 유소년기를 그런 열악한 현지에서 보낸 아이들에게 항상 미안한 마음이다. 1998년 이후 이란에서 6년간 나와 함께 생활한 가족들은 큰아이가 중학교를 졸업하고 현지에는 다닐만한 고등학교가 없자 두바이로 이주를 하게 되었다. 그 이후부터 우리 가족은 걸프만을 사이에 두고 속칭 기러기 가족이 되었다. 나는 한 달에 기껏 한두 번 가족이 있는 두바이를 방문하곤 했는데 가장도 없이 수년을 아랍국가에서 지낸 가족들의 고충도 보통이 아니었다.

이렇게 때로는 어렵고 때로는 기적 같았지만 이란은 내게 인생을 맡긴 모험이었다. 긴 모험에서 나는 승리했다고 감히 자부한다.

이란은 교집합이다

2000년대 초반이었다. 당시에는 원유 가격이 12달러 정도로 거의 최저가였다. 이런 영향으로 이란경제는 매우 힘들었다. 때문에 이란거래처들이 자국은행의 보증으로 물건을 구매해도 은행 자체가 지급여력이 없어 몇 개월이 지나야 지급이 되곤 했다. 물론 이란은 늦더라도 반드시 대금을 결제 해주는, 해줘야 한다는 대국적 마인드를 갖고 있다. 언제 우리가 돈 떼먹은 적이 있었냐는 것이 이란의 은행과 정부 입장이다.

당시 이란은 원부자재는 수입이 가능했지만 대부분의 완제품은 수입이 금지되어 있었다. 예를 들어 나는 완제품 샴푸가 아닌 샴푸원료를 판매했다. 그런데 판매량이 계속 증가했다. 경쟁사들도 판매량이 늘어간다고 해서 조사를 해보니 당시 인구가 6,700만 명인 이란에서 약 2억 5,000만 명분의 샴푸를 제조 할 수 있는 원료를 구매해 가는 것이 아닌가.

'이란 사람들은 우리와 달라 하루에 몇 번씩 머리를 감는 것인가?'

'여성들이 모두 루싸리로 머리와 얼굴을 감싸고 있어서 아무래도 머리를 자주 감을 수밖에 없는 것일까?'

해답은 다른 곳에 있었다. 이란의 북쪽에는 투르크메니스탄, 아제르바이잔, 아르메니아 등 카스피해 연안 국가들과 우즈베키스탄, 키르기스스탄 등의 CIS국가들이 위치해 있다. 그곳 시장을 가보니 답이 나왔다. 서민들이 물건을 구매하는 슈퍼나 시장에서 판매되는 생필품들의 대부분이 이란제품이었다. 욕실에서 사용하는 슬리퍼에서부터 비누, 샴푸, 세탁세제는 물론이고 건축물에 쓰이는 타일, 페인트 등 수많은 건자재 등이 대부분 이란의 상표를 달고 있었다.

이유는 간단했다. 부피가 나가는 중국산 완제품들이 육로로 들어오기에는 너무 멀고 길이 험하다. 그리고 역사적으로도 그 지역들은 페르시아 상인들의 활동 반경이기도 했다. 그리고 이들 국가에는 제조업 기반도 제대로 되어있지 않았다.

이란은 절묘한 위치에 있다. 대양을 통해서 수입되는 제품들이 이들 국가로 들어가려면 이란을 통해야 훨씬 편하다. 동쪽의 중국 혹은 서쪽의 흑해를 통해서 들어가려면 험준한 육로나 내륙바다인 카스피해를 건너야 하는 등 높은 산을 넘고 큰 물을 건너야 가능하다. 반대로 그들 국가의 제품수출도 그런 이유로 만만치 않다. 결국 이란을 통해서 들여오고 내보내야 한다.

따라서 아시아와 유럽, 중동을 아우르는 교집합 국가가 바로 이란이다. 거기에다가 이곳은 석유와 가스자원의 보고인 페르시아만을 발아래에, 카스피해를 머리 위에 두고 있으며 그 자원의 개발이나 채취되는 자원을 가공해 전 세계로 수출할 수 있는 최적의 조건을 갖춘 곳이다. 전 세계에 이렇게 좋은 조건을 갖춘 곳이 없다. 말 그대로 세계 모든 곳이 이란으로 통한다고 해도 과언이 아니다. 이처럼 지리적으로 축복을 받은 나라가 바로 이란이다.

그렇게 주변 국가들이 이란에서 생산되는 완제품을 수입해 간다면 한계 없이 생산해 내면 될 것이 아닌가 하고 질문을 하게 될 것이다. 이란은 산업생산기반이 떨어지는 국가인가. 절대 그렇지 않다. 이란에서는 거의 모든 산업제품을 생산해 내고 있다. 경제제재가 있기 전에는 자동차도 연간 180만 대 가까이 만들어낼 만큼 생산 기반을 충분히 가진 나라였다. 경제제재로 어려움이 있었지만 그 기반은 여전히 고스란히 남아있다. 하지만 문제는 말 그대로 완벽하지 못하다는 것이다. 뭔가 2퍼센트 부족한 것이 이란 제조업계의 현실이다. 기술력이 완벽하지 못하다 보니 글로벌 시장에서 경쟁할 우수한 제품을 만들어 내는 데 문제가 있다.

그렇다면 우리는 그들과 무엇을 같이 할 수 있을까? 그들은 자국 산업에서 부족한 2퍼센트를 채워줄 파트너를 필요로 한다. 그 유력한 파트너가 한국업체들이라고 생각하고 있다.

자신들은 공장부지와 건물, 운영자금 등을 부담하고 한국에서 진출하는 업체들은 유휴설비나 생산기술, 유능한 기술자들을 제공해 합작투자형태로 조인트 벤처Joint Venture를 설립해 공동운영하자는 것이 그들이 한국기업들에게 바라는 바다. 이렇게 협력할 경우 한국기업들에게도 현지의 자국업체 우선주의의 산물인 소위 텃세, 법률 및 제도적 장벽 등을 피해 나갈 수 있으며 이란 자체가 WTO에 가입되어 있지 않아 합작공장의 현지 생산품에 대한 완제품 관세장벽 강화조치 등으로 이란 시장 내에서 독점적 지위를 누릴 수 있는 기대효과가 있다. 아울러 위에서 말한 대로 주변 나라들에 대한 생산거점을 현지에 확보할 수 있다는 것은 불을 보듯 뻔하다.

또한 이란은 원소기호에 나오는 모든 천연자원을 보유하고 있다고 자랑하는데 문제는 이를 가공하지 않고 부가가치를 더하지 않은 상태인 자원제품 그대로 수출하고 있다는 것이다. 예를 들어 철광석보다는 철판, 동광석보다는 동파이프, 원유보다는 원유에서 최종 생산되는 플라스틱제품을 수출하고 싶어 한다. 우리 한국기업들이 이렇게 부가가치를 창출하는 자원가공산업의 동반자가 되면 좋겠다. 이렇게 매혹적인 이란을 경쟁국들도 가만히 내버려 둘 이유가 없다. 중국, 유럽, 일본 등이 앞다투어 진출하고 투자를 약속하고 있다. 우리나라가 발 빠르게 움직여야만 하는 이유다. 일례로 핵관련 제재 기간 중 서방의 눈치를 보지 않고 발 빠르게 진출한 중국의 경우 10년 전 우리와 같이 500명의 중국인들이 이란 현지에 체류하고 있었는데 현재는 5만 명을 넘어섰다. 제재로 어려움이 있었지만 우리는 여전히 500명 정도가 현지에 살고 있을 뿐이다. 민첩함이 중요하다. 서두르는 것은 좋지 않지만 더디 가는 것은 더 좋지 않다.

거대한 이란시장의 문이 37년 만에 열리고 있다. 내내 막혀있던 큰 문을 세계를 향해 열기 시작한 것이다. 이란의 경제제재로 인해 아예 관심조차 없던 나라들이 앞다투어 이란을 진출예정국가 1순위로 꼽는 것도 그 때문이다.

아는 사람은 이미 다 알고 있었다. 이란은 석유수출국기구OPEC를 만들어 전 세계 에너지시장을 뒤흔들었다. 에너지 시장에서 그들이 결정하면 세계가 출렁인다. 핵관련 제재 해제가 발표된 후 지난 몇 개월의 시간을 보라. 이탈리아, 프랑스, 독일 등이 쩔쩔매는 모습을 보지 않았는가? 우리는 어떤 제품과 프로젝트를 꺼내 놓으며 그들을 우리의 판으로 초대해야 하는 것일까?

나는 이란의 정치를 잘 모른다. 하지만 그들과 우리가 함께하면 경제분야에서는 서로가 원원Win Win 할 것이라는 것이 너무나 자명

하다. 그렇다면 이란이라는 거대시장에서 우리 대한민국은 어떤 판을 펼쳐야 할까? 우리가 중국, 일본, 유럽보다 더 잘 할 수 있는 것은 과연 무엇이 있을까?

STOP

이란에서 비지니스를 계획한다면, 이제는 종합 진출이 답이다. 예전에는 말 그대로 우리 제품만 파는 식이었다. 예를 들어 이란에 의료장비가 부족하다면 경쟁력 있는 첨단 의료장비를 만들어 이란에 팔면 그만이었다. 하지만 이제는 이것으로는 부족하다. 이란에서 병원을 가면 전에 검사받은 자료가 곧바로 환자에게 전달되지 못한다. 시스템이 여전히 낙후되어 있기 때문이다. 허리에 통증이 있어 이란 병원을 찾곤 했는데 종전에 촬영했던 엑스레이 사진이나 MRI 사진을 해당 진료의사가 확인하는데만 1~2시간이 걸린다. 따라서 이제는 병원 건물을 짓는다던지 의료기기를 판다던지 하는 것을 넘어서 시스템도 함께 구축해야 하며 이를 운용할 전문인력과 간호사, 의사 등이 패키지로 함께 진출해야 한다.

이란과 손을 잡자

"손을 잡는 것이 어렵습니까?"

"이란과 손을 잡으십시오. 우리가 한국기업을 그래서 걱정하는 것입니다."

14년을 근무하고 4년 전 한국으로 돌아온 다음에도 나는 적어도 두 달에 한 번씩은 이란을 방문하곤 한다. 경제제재 해제 즈음 만난 이란의 유력한 고위 관료가 하는 말이었다. 한국을 좋아하는 그는 이란에서 한국기업의 한계를 얘기하기 시작했다. 그가 말한 요지는 지난 10여 년간 비록 핵관련 서방의 경제제재가 있었지만 유럽업체들의 경우에는 이란기업과 합작법인 형태로 다양한 제품들을 현지 제조해 왔는데 한국은 조그만 규모의 담배공장만 하나 있을 뿐, 현지 직접투자가 전무하다는 것이다.

필자는 2000대 중반부터 이제 이란에서 단순한 제품 판매 사업은 한계가 있고 또한 상사 사업의 한계를 극복하기도 해야 한다는 판단을 하게 되었다. 따라서 이란에서 보다 영속적이고 뿌리 있는 사업을 하기 위해서 현지 합작 투자와 당시 현지 정부가 중점적으로 추진한 공기업 민영화 정책에 따른 기업 지분 인수 및 현지 업체와의 공동 운영 등을 적극 추진했었다.

여러 사례 중 대표적 추진 프로젝트가 당시 한국의 D전선과 공동으로 이란 내 IT, 통신, 케이블 업체들의 국가보유 지분 인수 프로젝트였으며 1년여 기간 동안 타당성을 검토하고 현지 실사 등을 진행하여 지분 인수 협상을 본격적으로 진행하기도 하였으나 이후 서방의 경제제재 조치가 날로 강화되어 실현이 중단되어 아쉬운 발길을 돌리기도 하였다.

아울러 당시 이란의 전력난에 주목하여 S그룹과 함께 이스파한 부근에 복합화력 민자 발전소를 건립하고 운영하여 추후 양도하는 형태의 사업BOT 형태을 현지 업체와 합작으로 본격적으로 추진하였고, 이 또한 본계약을 눈앞에 둔 상황에서 서방의 대 에너지산업 제재 조치 강화로 포기할 수밖에 없었다.

정말 아쉬운 것은 이러한 사업이 당시 실제로 계획대로 실행되었으면 현재 한국은 담배공장 하나만 달랑 직접 투자한 것밖에 없다는 쓴소리도 듣지 않았을 테고 제재가 해제된 지금 시점에 한국 업체들에게는 현지 직접 투자에 대한 모델케이스로 활용되었을 것이라는 점이다.

이란은 완제품 수입에 대해서는 관세를 최대한 높이려 하고 있다. 결국 이란 자국 내에 완제품 생산시설 등을 합작으로 만들자는 것이다. 이는 현지인들에 대한 고용 창출에도 도움이 되기 때문이다. 특히 현재 이란의 취업률은 매우 낮은 상황이다. 실질적으로 대졸자의 25퍼센트 이상이 취업을 하지 못하고 있다. 이란 정부가 합작에 의한 고용증가에 목을 매는 이유다. 이란은 30대 이하 인구가 전체인구의 70퍼센트를 차지하는 젊고 생동적인 국가이다. 그렇다보니 일할 사람은 많지만 일은 없는 구조인데 그간 10여 년간 핵관련 제재로 경제활동에 제약을 받다보니 고용률이 지난 반세기 중 최악의 상황이다.

"한국은 방식을 바꿔주십시오."

이란에서 한국의 인재들과 더불어 자국의 인재들이 제조업에서 성장하고 일할 수 있는 기회를 만들어 달라는 것이다.

모두가 경쟁하는 상황에서는 우리만의 개성으로 우리가 잘하는 분야를 선택 집중해야 한다. 예를 들어 한 가지 사업을 말해보면, 테헤란은 해발 1,000미터를 넘어서는 고지대에 자리 잡은 대형도시다. 시내인구가 1,000만 명을 넘고 위성도시를 포함하면 2,000만 명에 육박한다. 테헤란이 갖고 있는 큰 문제점이 하나 있는데 그것은 다름 아닌 도시의 대기오염문제이다. 도시가 해발 4,000미터의 알보르즈산맥 경사면에 건설되어 있다보니 차량들이 그 언덕길을 오가며 엄청난 매연을 뿜어대는 것이다. 계절적으로 대기순환이 잘 안 되는 겨울에는 매연으로 학교들이 며칠씩 휴교를 거듭하기도 한다.

"한국이 도와주기를 부탁합니다."

왜 한국의 기업에게 도시대기오염 문제를 부탁하는 것일까? 우리나라를 와 본 이란의 지도층들은 한국이 지난 수십 년간 급격한 경제성장을 이뤘음에도 불구하고 도시주변에 그린벨트를 가지고 있고 비교적 맑은 대기를 유지하는 것에 대해서 찬사를 보내고 있다. 이란은 큰 나라의 대부분이 황무지 사막이다 보니 도심 속에서도 푸르름을 간직한 서울을 꽤 부러워한다.

그리고 이란의 또 한 가지 큰 문제는 물이다. 테헤란의 경우 우기인 겨울에 오는 눈이 녹은 물을 댐으로 가두어 1년 내내 사용한다. 풍족하지 않은 물로 매년 한 해를 겨우 나고 있다 보니 커다란 물줄기의 한강을 가진 서울이 너무 부러운 것이다.

처음 이란으로 갔을 당시 놀랐던 것이 있었다면 테헤란에는 하수구 시설이 전혀 없다는 사실이었다. 집집마다 화장실이나 부엌 등에서 나오는 오염수를 10~20미터 깊이의 파이프 형 가느다란 배수구로 그냥 흘려보내면 땅속으로 흡수되는 형태였다. 그렇다 보니 지하수가 오염되었다. 심지어는 테헤란 남쪽에서 땅을 파면 북쪽에서 지하로 흘려보낸 오염수가 콸콸 나올 정도였다. 이러한 문제점을 확인한 테헤란 시당국이 최근 10여 년 동안 도시의 하수구 설치에 매달리게 되었다. 그리고 이란은 황무지형태의 경작하지 않는 땅이 국토의 80퍼센트 정도인데 이는 토질의 문제라기보다는 물 부족에 기인한 것이다.

그들이 원하는 것은 농업을 위한 해수담수화, 겨울 우기의 강수량을 활용하는 각종 댐 그리고 도시의 음용수가 아닌 생활용수를 위한 중수도 건립 등 물에 대한 제반협력이다. 우리나라는 이런 분야에서 경쟁력 있는 솔루션을 가진 국가다.

이제 완제품만 만들어 판매할 생각보다는 이렇게 이란과 같이 협력해서 이란 내 젊은이들의 고용도 창출하고 주변지역 국가들도 함께 공략해보자는 것이다. 우리의 기술과 인력으로 이란에 진출하면 이들의 어마어마한 땅을 같이 일궈낼 수 있고 취업난으로 신음하는 우리 젊은이들에게 희망의 돌파구가 될 수도 있다.

마지막으로 꼭 한 가지 강조해야 할 말이 있다. 조급함을 버리자는 것이다. 수개월 만에 결과를 기대한다면 시작도 하지 않는 것이 좋다. 그런 단기간에 나온 결과는 분명 가짜이거나 사고의 시발점일 가능성이 크다. 대국 이란을 정복하려면 5년, 10년을 보는 장기적 안목을 가져야 한다.

에필로그

그래, 이제는 이란이다!

2016년 4월 21일 대한무역협회 주관으로 서울코엑스에서 이란시장 진출을 위한 대규모 세미나가 열렸다. 나는 강사로 참여했다. 여러 전문가들이 함께 이란시장 진출과 관련해서 국내 업체들에게 그간 알게 된 노하우를 전수하기 위해 열변을 토했다. 이른바 '이란시장 진출전략 세미나'였다.

코끝 찡한 이란성공의 키워드를 모두 전해주고 싶었지만 시간이 그만큼 허락되지 않아서 무척 아쉬웠다. 하지만 참석자들로부터 큰 호응을 얻었으니 그것으로 만족한다. 숨겨진 보석, 이란의 가치에 대해 모두들 놀라고 공감했으며 때로는 우리와 다른 이란 사람들의 특징과 상관습에 웃음을 터트리기도 했다.

일부 친구들은 그 아까운 노하우를 공개적인 자리에서 자꾸 밝히게 되면 나만 손해라고 말했다. 하지만 내 생각은 다르다. 빨리 가려면 혼자 가고 멀리 가려면 함께 가라고 하지 않는가? 어린 촌놈 장사꾼이었던 내게 일생일대의 행운인 이란이 우리 모두에게도 행운이 되기를 바라는 마음뿐이었다.

그레시 무려 8,000만 명의 인구와 세계 최대 천연자원 보유국 중 하나, 중동과 CIS지역의 허브역할을 할 수 있는 전략적 위치 등의 이유로 우리나라의 미래는 꼭 이란과 함께해야 한다는 의견을 전해야했다. 그래서 나서지 않을 수가 없었다. 구조적 위기에 처한 한국경제가 다시 도약하는 데 이란이라는 나라가 도약의 발판이 될 수 있다는 믿음으로 내가 아는 모든 것을 숨김없이 보여주기로 했다. 앞으로도 그럴 것이다.

이란 남부의 '아살루에'라는 곳에 가면 세계 최대의 가스전이 있다. 한국 건설업체의 가스정제시설 건설현장에 가보았는데 외부온도가 무려 섭씨 50도였다. 차라리 불지옥이라고 표현해야 하는 날씨에 황량한 황무지 사막 한가운데에서 우리 엔지니어들은 열사병을 막기 위해 히잡 같은 천으로 머리와 얼굴을 가리고 땀을 흘리고 있었다. 이렇게 고생을 하고도 때로는 우리끼리의 과다경쟁으로 때로는 앞서 공사한 우리 업체가 파악한 경비구조를 후발업체에게 전하지 않아서 수백억 원, 수천억 원의 손실을 보는 프로젝트가 태반이라고 했다.

그때 불가마 사막 한복판에서 내가 마음속으로 다짐한 것이 있다. 내가 이란에서 알게 된 것은 한국에 다 알려주자. 나만 살겠다고 숨기고 속이는 것은 범죄라고 말이다.

하지만 나도 뼛속까지 장사꾼이다. 내가 아는 것을 다 알려줘도 재키정을 믿고 사랑하는 이란의 친구들과 파트너들은 쉽게 양도되지 않을 것이다. 행복의 나눔은 손해가 아니다. 나와 우리 모두가 이란에서 승자가 되기를 바랄 뿐이다.

무려 14년, 강산이 한 번 변하고도 한참 동안 더 머물러 있던 이란.

이란에 대해 사람들은 궁금해하지만 아직 잘 모르고 있다. 만만치 않은 오해들로 이란에 대해 판단하는 사람들도 제법 있다. 세상이 변할 때 이란도 제법 박자를 맞춰왔다. 어제보다 변했고 오늘도 변하고 있다. 앞으로는 더욱 무섭게 변할 거란 걸 잘 알고 있다. 그래서 이란을 전한 것이다. 그래서 이란을 말했던 것이다. 미래의 노다지. 이란. 이란을 놓치지 말라고 말이다.

1998년, 이란의 여름을 떠올려본다. 강산이 변하는 동안 이제 이란이라는 나라를 진정으로 사랑하게 되었음을 고백한다. 그래서 자신 있게 답한다.

"1998년의 여름으로 돌아간다 해도 나는 분명 이란에 갈 것입니다!"

이제는 이란이다

초판 1쇄   2016년 6월 30일
초판 3쇄   2022년 8월 11일

지은이   정영훈
펴낸이   서정희
펴낸곳   매경출판㈜
마케팅   김익겸 한동우 장하라

매경출판㈜
등록   2003년 4월 24일(No. 2-3759)
주소   (04557) 서울시 중구 충무로 2(필동1가) 매일경제 별관 2층 매경출판㈜
홈페이지   www.mkbook.co.kr
전화   02)2000-2610(기획편집) 02)2000-2636(마케팅) 02)2000-2606(구입 문의)
팩스   02)2000-2609   **이메일**   publish@mk.co.kr
인쇄·제본   ㈜M-print   031)8071-0961
ISBN   979-11-5542-493-3(03320)

책값은 뒤표지에 있습니다.
파본은 구입하신 서점에서 교환해 드립니다.